Originalausgabe

Herstellung und Verlag:
BoD – Books on Demand, Norderstedt
ISBN: 9783757884185

lyrischer

Buddha

Drei Kostbarkeiten

Warum Buddha?
Weil Glück.

Warum Dharma?
Weil Sinn.

Warum Sangha?
Weil Freundschaft.

Gib dich den
Drei Juwelen hin.
Gib dich deinem
Karma hin.
Gib dich deinem
Glück hin.

Da ist ein Pfad,
Der führt zu dem Tag,
An dem all dein Leiden
Irreversibel endet
Und du frei und heil lebst.

Warum?

Buddha war
Und machte
Frei sein wahr.

Frei wovon,
Fragen die einen.
Vom Leiden,
Antworten die Eingeweihten.

Was jede:r will,
Ist das Glücksgefühl.
Was keiner braucht
Ist Stau im Bauch
Von dummen Emotionen
Aus blinden Äonen.

Willst du frei sein
Und nicht mehr leiden,
Dann solltest du dem weisen
Buddha dein Ohr leihen.

Ein geheimer Pfad

Buddhas Geheimnis
Weht in den Winden
Und um die Weiden
Und wartet auf die Kinder
Einer erwachten Generation.

Buddhas Glück
Sucht die Wesen
Und nähert sich Stück für Stück,
Um ihren Leben
Mehr Zauber zu geben.

Buddhas Wahrheit
Ist eine Macht,
Die alles Leiden heilt
Und die die Kraft hat,
Wunder zu bewirken.

Buddhas Pfad
Liegt offen verborgen
An jedem Tag und
Kann genommen
Werden von jedem Mensch,
Der weise lernt zu denken.

Letztendliche Wahrheit

Sie suchen
Und versuchen
Und dann fluchen
Sie, weil sie nichts finden.

Wo Leerheit ist,
Wahrheit ist
Über das Wesen
Der ganzen Welt.

Suchst du
Und willst du,
Die Wahrheit wissen
Und Weisheit küssen?

Dann höre die Chöre
Der Bodhisattvas
In der transzendenten Höhe,
Die die Wahrheit singen
Und leer klingen.

Du

Du suchst
Den Sinn im Leben
Und in deinem Herzen Ruhe?

Du findest viel,
Doch nichts davon
Hat die Kraft, dich zu befriedigen.

Dann triffst du Buddha,
Studierst seine Lehre
Und erkennst das Wahre.

Nun bist du auf dem Pfad,
Der aus acht Schritten gemacht
Mit erwachter Kraft.

Nun spürst du Frieden
Zum ersten Mal in deinem Leben
Völlig rein fließen.

Und du findest Ruhe,
Genau das,
Was du suchtest.

Karma

Immer wieder
Oder nimmer mehr.
Die Welt des Dharma
Kennt die endlose Wiedergeburt
Oder das leere Ende
Des Verlöschens.

Wie schön,
Könnten wir wählen:
Dann wir nur wandeln
Auf den göttlichen Wegen.
Denn indirekt wählen wir
Mit unserem Karma,
Nur das ist genau das Drama,
Denn unser Karma ist die Erfahrung
Unserer Taten und diese Erfahrung
Führt uns auf den Pfaden.

Wer also gut,
Der wählt den guten Pfad.
Wer gemein zu andern war,
Wählt wegen seiner Erfahrung den Pfad
Zu einem Leben, wo die Menschen
Fies miteinander umgehen.

Der Heilige

Das Wort Heilige
Ist abgenutzt,
Vielmehr ausgelutscht.

Denn die Heiligen Europas
Waren nicht heilig,
Sie waren nur Aushängeschilder
Der Herrschenden Europas.

Aber heißt das,
Es gab keinen heiligen Mann
Auf Erden?
Die Antwort beginnt
Mit der Antwort auf die Frage,
Was Heiligsein bedeutet.

Heilig steht für Heil
Und da war doch was.
Da war doch ein Mann,
Der einst erwachte und bewies,
Dass es einen Ausweg
Aus dem Leiden gibt.
Dieser Mann lehrte
Und was er lehrte,
War, wie alle Menschen
Ihr Leiden beenden und
Heilen können.

Ist das nicht wahre heilsame
Heiligkeit?

Heilige Orte

Wo wir sitzen
Und unser Leid
Einfach ausschwitzen.

Wo wir lachen
Und nur erwachte
Dinge machen.

Wo wir träumen
In der Leere von
Wahren Räumen.

Wo wir atmen
Und verwirklichen,
Was ist Anatta.

Wo wir denken,
Ohne mit unseren
Gedanken zu kämpfen.

Wo wir lieben,
Ohne zu fallen in
Niedere Triebe.

Wo wir erwachen
Mit Nirvanas
Reinen Samen.

Altes Neues

Neue Wege.
Alte Leben.
Weniger Leid.
Befreit.

Altes Gesicht.
Neues Licht.
Buddhas Wort.
Heimatort.

Des Einen Lehre
Für die Vielen.
Der eine Pfad
Beendet alles Leid.

Alte Träume
Im neuen Gewand.
Jeder Wunsch
Wird so wahr.

Neue Hoffnung
In der alten Welt.
Die Lösung aller
Probleme naht.

Frag Nirvana

Was ist Nirvana
Und ist Dharma
Der Pfad zum Nirvana?
Lieber fragen,
Als dumm sterben.

Die Fähigkeit zu verstehen,
Ist die Basis eines dauerhaft
Glücklichen Lebens.

Also was ist die Gabe
Des Nirvanas?

Spirituelle Fragen
Auszugraben, um in endlosen
Spirituellen Stunden,
Die Antworten zu erlangen.

Was ist der Sinn
Deines Lebens?

Blaue Berge

Kernloser Kern.
Ein Ziel,
Das kein Ziel ist.

Hoffnung
Auf die Leere.
Staubloser Spiegel.

Das Tor
Ohne Dualität.
Torloses Tor.

Acht Stufen
Sind stufenlos.
Offener Kreis ist geschlossen.

Ein Niemand
An der Spitze der Welt.
Er erwachte und verlosch.

Du und dein persönlicher Buddha

Dort wo der Buddha ist,
Dort ist Frieden.
Dort wo Menschen erwachen,
Lebt grenzenloses Lachen.

Viele Buddhas in der Welt.
Nur ein Buddha in dir.
Viele Sorgen in der Welt.
Sorgenfreies Nirwana in dir.

Das Licht der Erleuchtung
Vernichtet die dunkle Verblendung.
Die Erfahrung der Erleuchtung
Ist die höchste Befreiung.

Wir hier leiden,
Während wir uns sehnen
Nach dem Glück
Eines erwachten Lebens.

Die Buddhas dort
Lehren uns den Pfad
Zu jenem Ort,
Der frei von Leiden ist.

Viele Buddhas

Die vielen Buddhas
Sind wie spirituelle Mütter.
Jenen die Zuflucht nehmen,
Widmen sie ihr heilendes Streben.

Die Buddhas der Erde
Verteilen ihr karmisches Erbe
An die Weisen,
Die geschworen zu heilen.

Die vielen Buddhas
Folgen einer Agenda,
Die aus acht Teilen besteht
Und zum Erwachen führt.

Shakyamuni Buddha
Ist für Alpha und Omega da
Und lehrt sie gleichermaßen
Den heiligen Pfad.

Alle die noch Buddha werden,
Leben in den Bodhisattva-Herden
Und erwerben sich in Jahren
Des Studierens einen klaren Verstand,
Um die Wesen zu lehren,
Das Leere zu verstehen.

Gegensätze

Wo Buddha ist,
Entsteht Licht.
Wo Mara spricht,
Schmerz entsteht,
Der böse sticht.

Jenseits des Dualen
Und dennoch sind die Normalen
Gefangen im Dualen
Aus Vergnügen und Schmerz,
Gewinn und Verlust,
Schande und Ruhm
Und Lob und Tadel.

Der Wind der dualen Welt
Schaukelt jedes Menschenkind.
Das Licht, das der Buddha bringt,
Ist wie der Leitstern, der in
Eine bessere Welt führt.

Folge Buddha
Und werde ein Sinnsucher
Jener Wahrheit,
Die das Leid vertreibt.

Oh Buddha!

Oh Buddha!
Schrie der Jüngling.
Oh Buddha!
Schrie die Welt.

Und Buddha hörte
Und lehrte,
Weil die Welt
Ihn verehrte.

Aber nicht Ehre
War der Grund,
Sondern tief durchdrungenes
Mitgefühl.

Kein Gott ist Buddha
Aber er ist der Sucher,
Der fand den Weg,
Der aus dem Leid führt.

Oh Buddha!
Schrie das Mädchen.
Oh Buddha!
Schrien alle Frauen der Erde,
Die nicht länger leiden wollen
Und denen ihr karmisches Erbe
Zu viel geworden.

Sehnsucht

Alle suchen
Und ihr suchen,
Ist wie das Rufen
In der dunklen Nacht
Der Unwissenheit.

Alle wollen
Und ihr wollen,
Ist wie das Tribut zollen
Ihres Unbewussten.

Was alle suchen
Und wonach sie rufen;
Und was sie wollen
Und dem sie darum Tribut zollen,
Ist das Glück oder vielmehr ein Stück
Lebenszeit ohne leiden.

Es bleiben vier,
Die sich in acht verwandeln.
Sie sind der Sieg
Mit dem die Wahren wandern.

Wache

Wache Augen schauen
In den Weltinnenraum.

Innen gibt es
Mehr zu finden,
Als in der Welt außen.
Du musst nur vertrauen
Und in dich reinschauen.

Wache Münder verkünden
Die Wörter des Verstehens.

Die Wahrheit der Worte
Ist von höherer Sorte
Als alle Gegenstände
Und doch kannst du sie nicht greifen.

Wache Herzen verwerten
Jede Erfahrung, egal ob
Schön oder voller Schmerzen.

Die Wahrheit des Leidens
Kann uns zugleich befreien
Vom Leiden, wenn wir
Ihre Ursachen begreifen.

Innen

Der Pfad Buddhas
Wird dann wahr,
Wenn du ihn lebst.
Die Wahrheit Buddhas
Entfaltet ihr Potential,
Wenn du sie verstehst.

Die Welt bietet
Millionen Wege.
Sieh, wer sie gegangen
Und wie es ihm ergangen.
Fand er oder sie Glück
Und die Erfüllung ihrer Wünsche?
Oder sind sie depressiv
Und geistig verwirrt,
Obwohl sie materiell alles haben?

Die Welt
Hat genug Geld.
Unsere kleine Erde
Schenkt reiches Erbe.
Doch Glück ist nicht äußerlich,
Denn Glück entsteht innerlich
Und das ist Buddhas Lehre:
Der Pfad des inneren Weges.

Nirvana

Ein ferner Hort,
Der weder hier
Noch dort.

Ohne Zeit
Und höheres Sein.

Unbedingt
Und ungeschminkt
Mit falschem Schein.

Jenseits von Sein
Oder Nicht-Sein.
Jenseits des Jenseits.

Kein Ich
Und kein Nicht-Ich.
Weder sein und
Doch ist es kein
Nicht-Sein.

Ohne Schranken.
Ohne Schleier.
Aber dankend
Und feiernd
Im höchsten Glück.

Kinder

Kinder spielen
Meditieren und
Die Meisterin
Sitzt einspitzig
Neben ihnen.

Tausend Jahre.
Millionen Meditierende.
Billionen Atemzüge.

Gesammelt sitzen
Und das Leid mental
Ausschwitzen.
Achtsam meditieren
Und lernen, sich vollkommen
Glücklich zu fühlen.

Kinder spielen
Meditieren.
Kinder lachen
Mit erleuchteten Spielsachen.
Kinder feiern,
Weil sich alle
Vom Leiden befreien.

Im Buddhismus

Im Buddhismus
Geht es darum,
Buddha zu werden.

All die anderen Religionen wollen,
Dass du dich einer großen Macht
Unterwirfst. Im Buddhismus wollen
Alle, dass du zu dieser großen Macht wirst.

Du kannst alles sein
Im Buddhismus.
Du kannst alles haben
Im Buddhismus.
Du kannst alles werden
Im Buddhismus.

Alle deine Träume
Können wahr werden
Im Buddhismus.
Alle deine Wünsche
Werden sich erfüllen
Im Buddhismus.
Alle deine Ideale
Wirst du verwirklichen
Im Buddhismus.

Im Buddhismus
Ist genug Platz,
Um jedes Wesen
Glücklich zu machen!

Wahre Heilige

Wahrhaft
Gibt es Wahrheit
Und wahrhaft:
Sie ist schwer
Zu finden.

Wahrlich
Sah er das Licht,
Dessen Name Buddha ist,
Nämlich das Licht
Des Wahrheitsblicks.

Wahrend
Das Alte und
Schaffend das Neue.
Der historische Buddha
Folgte den anderen Buddhas.
Viele waren. Er ist und
Mehr werden kommen.

Einsiedler

In alten Gemäuern,
Abgelegenen Stränden
Und unerreichbaren Höhlen.

Orte der Einsamkeit sind
Für die Einsiedler bereit.

Sie suchen den tiefen Sinn
Und die höchste Wahrheit,
Deren Erkenntnis ist
Der höchste Gewinn.

Fern der Zivilisation
Und dem weltlichen Streben
Wartet höchster Lohn.

Wege aus der Welt
Verborgen an geheimen Orten
In der Welt.

Tiefe Sitzung
und unentdeckte Kräfte
Führen zur Befreiung.

Im Kutter Buddhas

Buddhas Weg
Ist endlich.
Buddha steht
Niemals still.

Buddhas Tag
Leuchtet hell.
Buddhas Pfad
Ist lehrreich.

Buddhas Tränen
Gelten den Wesen.
Buddha-Ebenen
Haben keine Grenzen.

Buddhas Lehre
Ist für alle.
Buddhas Liebe
Ist erbarmend.

Buddhas Wert
Ist seine Weisheit.
Buddhas Herz
Fühlt mit jedem.

Die Wahrheit der Mönche

Der Erwachte.
Der Sieger.
Der Erleuchtete.
Der brüllende Löwe.
Viele Titel für den Tathagata.

Die Erwachte.
Die Siegerin.
Die Erleuchtete.
Die brüllende Löwin.
Viele Titel für die Tathagata.

Kann ein Mönch auf dem Pfad
Wirklich fortgeschritten sein, solange
Er glaubt, dass Frauen oder Menschen
Anderer Kasten, Klassen und Ethnien
Weniger Potenzial zum Erwachen
Besitzen wie seinesgleichen?

Es ist nicht möglich.
Es ist nicht möglich!

Der nächste

Buddhas Macht
Ist die Lehre,
Die er in dreifacher
Nachtwache erkannt.

Er spricht,
Was er lebt.
Er lehrt,
Wie er geht.

Er ist der Eine
Unserer Zeit,
Aber viele wie er
Sind durch die
Zeit geeilt.

Er war der Eine
Unserer Epoche.
Doch es wird folgen
Ein weiterer Buddha
Mit dem Namen Maitreya,
Um uns zu lehren und
Zu retten vorm Leiden.

Annehmen

Jeden Tag annehmen
Und mit vollem Herzen
Auf dem Achtfachen streben.

Offen für das Glück sein,
Dass überall wartet und
Sich vom Trübsal befreien.

Mit Güte handeln
Und etwas geben,
Um die Welt zu verwandeln.

Den Stupa umrunden
Und das Wetter genießen
In diesen spirituellen Stunden.

Jedes Wesen hofft
Auf ein besseres Leben,
Deshalb bin ich aufgebrochen.

Reichen wir uns die Hände
Und spüren wir einander
Für eine mitfühlende Wende.

Weise

Schönheit vergeht.
Irdische Schönheit
Hält kaum vierzig Jahr.
Aber selbst die Göttliche
Ist eine endliche.
Aber Weisheit reift
Und steigt immer weiter
Auf der Leiter.

Buddha der Weise
Lehrte durch die Weise
Des Verstehens.
Buddha der Weise
Erklärte mit der Weise
Des Verstehens.

Lerne und du wirst
Glücklicher werden
Als alle, die ihr Erbe
Auf vergängliche
Schönheit setzen.

Einfach sitzen

Sitzen, um
Die bösen Gedanken
Auszuschwitzen.

Meditieren,
Um sich auf den
Pfad zu konzentrieren.

Zuflucht nehmen
Für mehr als
Ein Leben.

Zu Buddha werden
Und strahlen
Wie die Sterne.

Siddhartha lehrte
Für die ganze
Menschenherde.

Damit jede:r
Erwacht mit
Heilsamer Kraft.

Freiwillig

Ich wähle Buddha
Und fliehe vor dem
Unheilsamen Karma.
Ich wende mich zur Sonne
Einer erwachten Wonne.

Ich wähle den Dharma
Als Pfad zum Nirvana.
Auf diesem Pfad
Erwartet mich ein
Ferner Tag des Erwachens.

Ich wähle die Sangha
Als meine letzte Heimat.
Dort will ich sein und
Friedlich verweilen,
Bis zur dreifachen Nachtwache
Meiner Buddhaschaft.

Ich wählte die drei Juwelen
Vor vielen Leben und
Sie sollen bis zum höchsten Erwachen
Mein täglicher Schatten
Auf dem Achtfachen sein.

Allgegenwärtig

Buddha,
Ich schwöre:
In jeder Welt, in der ich
Wiedergeboren werde, werde
Ich nach den Zeichen
Der Buddhas suchen.

Überall.
In allen Welten.
Jederzeit.
In allen Epochen.
Ist Nirvana verwirklichbar.

Jene, die sagen, diese Zeit
Ist schlecht zum Erwachen
Oder heute ist es schwieriger
Als zu Siddharthas Zeiten, den Pfad
Zum Erwachen zu vollenden,
Sind nur faule Lügner,
Die nicht mit ganzem Herz
Bei der Sache des Erwachens sind.

Überall,
Jederzeit,
Und alle
Können erwachen.

Die Höchsten und Reinsten

In Millionen Jahren
Und endlosen Weltzeitaltern
Wird es keine Nobleren geben
Als die Buddhas.

Erwacht im Dharma:
Ein Buddha.
Erlöst vom Karma:
Ein Buddha.
Verwirklicht Nirvana:
Eine Buddha.

Ihr Glanz strahlt.
Ihr Wissen heilt.
Ihre Güte bewahrt.
Ihre Hilfe befreit.

Meine Augen wünschen
Sich zu schauen
Einen Vollerwachten leibhaftig.
Mein Herz erlöst
Vom Schmerz.
Weil der Buddha Dharma
Das Karma heilt und den Weg
Zum Nirvana zeigt.
Mein Beten gilt
Diesem heiligen Wesen,
Auf das sie mich führen
Zum Pfad des Erlösens.

Weiser Meister

Sanft und
Ohne Kampf
Ruhen Siddharthas
Blicke auf mir.

Ruhig und
Sehr geduldig
Beobachtet er
Mein Streben.

Zart und
Ohne Hass
Lehrt er mich
Den Dharma.

Verständig und
Innerlich gebändigt,
Erklärt er mir
Den achtfachen Weg.

Weise und
Auf die richtige Weise
Offenbart er den Pfad
Des Erwachens.

Sinnestore

Kannst du spüren,
Wie dich deine
Sinne betrügen?

Die Wahrheit liegt
Tiefer als die Sinnenwelt.
Die Wahrheit ist
Höher als die Sinnenwelt.
Die Wahrheit liegt
Jenseits der Sinnenwelt.

Was wahr ist,
Siehst du nicht
Mit weltlichen Augen.
Was wahr ist,
Hörst du nicht
Mit weltlichen Ohren.

Der Geschmack der Lehre
Ist der Geschmack der Erlösung.
Läutere deine Sinne,
Um ihm zu kosten.

In der Wildnis

Hart war der Pfad,
Den Buddha betrat,
Als er den Palast verließ,
Um die Wahrheit zu finden.

Ein verwöhnter Prinz
Und gut gehütetes Kind,
Das nichts wusste von den Härten
Des Lebens draußen in
Wäldern und Bergen.

Ein Adelsmann, der nie gelernt
Zu betteln um sein Essen.
Ein Höherstehender, der sich
Vor keinem niederen je beugte.
Aber er hatte geschworen,
Niemals umzukehren, bis er
Die Antwort auf den Sinn des Lebens
Und den Pfad aus allem Leid gefunden.

Er ist erwacht
Nach dreifacher Nachtwach
Und hat geschaut und das irdisch Haus
Eingerissen. Er gab auf alles Karma
Und ward zum heiligen Buddha.

Heilmittel

Eine Welt voll Kummer
Und Sorgen.
Eine Welt, die sinnlos leidet
An Kummer und Sorgen.
Denn der Eine erwachte
Und lehrte, wie jede:r sich für immer
Von Kummer und Sorgen
Befreien kann.

Hass wächst und wächst
In jedem Winkel der Welt.
Hass brennt in den Herzen
Und führt zu Streit.
Hass entzündet Kriege
Und lässt Menschen morden.

Gier sprießt
Und gießt die Samen
Des Weltkollapses.
Nicht erst seit dem Klimawandel
Ist Gier die Ursache
Für endlos schwere Krisen.

Kummer und Sorgen.
Ängste und Nöte.
Probleme und Katastrophen.
Für all das hat der Buddha
Eine Medizin im Angebot.

Drei Unglücke

Buddhas Glück
Ist zurück
Und zeigt sich dir,
Wenn du die Gifte
Des Geistes aufgibst.

Hass und Gier
Bringen kein Glück
Und die Dummheit,
Das zu glauben, produziert
Grenzenloses Unglück.

Wenn drei Gifte reifen
In den menschlichen Geistern,
Dann wird das Leiden
Alle befallen.
Wenn drei Gifte wachsen
In den menschlichen Herzen,
Dann werden die Schmerzen
Unermesslich wachsen.
Wenn drei Gifte sprießen
In den menschlichen Welten,
Dann wird alles genießen
Enden und das Leid wird über
Die Ufer fließen.

Sternenreiter

Durch viele Sprachen,
Viele Länder und
Viele Herzen ist Buddhas
Lehre gereist.

Heute gibt es
Buddhas Lehre
Auf mehreren Kontinenten.
Heute gibt es
Buddhistische Sanghas
In allen Winkeln der Welt.

Weit flogen die Eisenvögel
Und wanderten die Mönche.
Selbst der Nonnenorden blüht.

Vielleicht kommt sogar der Tag
An dem Buddhas Dharma
Zu den Sternen fliegt und
Wenn der Schweif der Raketen
Zu den Sternen steigt
Und gereifte Buddhakinder
Mit ihnen fliegen.

Vier Ziele

Was ist wahre Göttlichkeit?

Was ist so wunderbar,
Dass es wie Gott auf Erden ist?

Es ist die Liebe
In ihrer vierfachen Form.

Vierfach ist die göttliche Liebe.
Vierfach ihr Weg ins Himmelreich.

Vierfach ist
Das höchste Glück auf Erden.
Vierfach sind
Die Ströme höchster Vollkommenheit.

Vier sind Liebe.
Jedes ein Teil und
Doch das Ganze.
Vier sind die Liebe
Im himmlischen Spiele.

Güte ist die Erste.
Mitgefühl die Zweite.
Mitfreude die Dritte.
Gleichmut die Vierte.

Vierfache Liebe
Als buddhistisches Ziel.

Preise auf endlose Weisen

Als ob es heute wär,
Spür ich dich.
Als ob du neben mir sitzt,
Fühl ich dich.

Siddhartha.
Siddhartha.
Licht meines Lebens.
Samen meines Genesens.
Siddhartha.
Siddhartha.

Preisen will ich dich
Als erwachtes Wesen,
Das eins wurde
Mit der ultimativen Wahrheit.
Preisen will ich dich
Als größten Arzt,
Der den Ausweg
Aus allem Leiden lehrt.
Preisen will ich dich
Als Buddha.

Als ob du mit mir bist,
Spür ich dich.
Als ob du mich beschützt,
Fühl ich dich.

Guru Buddha

Im Namen Guru Buddhas
Will ich streben
Nach einem besseren Leben
Der Tugend in Gedanken,
Worten und Taten.

Im Namen Guru Buddhas
Will ich des Paradigmas
Leerheit gewahr werden
Und erkennen die wahre
Natur aller Sterne.

Im Namen Guru Buddhas
Will ich reifen und
Niemals vom achtfachen
Pfad weichen.

Im Namen Guru Buddhas
Will ich ein Dharma-Ass
Werden und ihn durch
Mein Streben für alle
Kommenden Leben ehren.

Darum

Für Buddha
Alles geben.
Für Buddha
Allen helfen.

Im Namen Buddhas
Gut sein.
Im Namen Buddhas
Immer weitergehen.

Wegen Buddha
Auf Besserung hoffen.
Wegen Buddha
Dem Achtfachen folgen.

Weil Buddha war,
Lerne ich.
Weil Buddha war,
Glaube ich.

Durch Buddha
Das Ziel sehen.
Durch Buddha
Nirvana erleben.

Geben

Geben,
Auch wenn es weh tut.

Füreinander da sein,
Selbst wenn keine Kraft mehr
Vorhanden ist.

Zuhören,
Obwohl es so laut ist,
Dass du kein Wort verstehst.

Fühl und spür
Und berühr
Mit Gefühl.

Steh ein
Gegen das Alleinsein
Und befrei von einsamem Leid.

Mehr geben
Als das eigene Leben.

Verstehen,
Was zu geben,
Das Leiden nimmt.

Waffengang

Leg alle Waffen ab,
Auch die Waffen deines Geistes.
Denn mit deinen Waffen versperrst du
Dir selbst den Weg ins Nirvana.

Leg alle Waffen ab,
Auch die Waffen deines Geistes.
Denn wenn du im Reich des Todes
Mit Waffen erscheinst, dann werden
Deine Spiegelbilder dich bekämpfen.

Leg alle Waffen ab,
Auch die Waffen deines Geistes.
Denn dein Freund wird vor dir fliehen,
Wenn du ihm bewaffnet begegnest.

Leg alle Waffen ab,
Auch die Waffen deines Geistes.
Denn der Feind wird sich sonst rüsten
Mit größeren Kalibern als den deinen.

Leg alle Waffen ab,
Auch die Waffen deines Geistes.
Denn nur unbewaffnet findest du in dir
Den inneren Frieden und das reinste Glück.

Therapie

Ein nebliger Pfad
An einem bewölkten Tag,
Das ist der Wandel
In Samsara.

Ein schmerzend Herz,
Das zu viel fühlt,
Ist das Wesen
Des Hasses.

Ein tiefes Loch
Ohne Hoffnung auf Füllung,
Ist die Wahrheit
Der Gier.

Gifte fliegen durch die Luft
Von Autos und Fabriken
Und Gifte fliegen durch Gedanken
Als verblendete Wolken.

Buddhas Pfad ist wider
Die drei Geistesgifte.
Buddhas Lehre ist eine
Medizinische Spritze.

Qual der Wahl

Leid und Verzweiflung
Oder
Glück und Heilung?

Für mich war die Antwort leicht,
Denn ich war es leid zu leiden.

Wir alle können wählen
Zwischen Stumpfsinn
Und heiligem Leben.

Willst du leiden oder
Dich weise befreien?

Die Antwort ist leicht,
Denn niemand braucht Leid.
Doch wir leiden und leiden,
Statt uns zu entscheiden,
Auf den Pfaden der Weisen
Uns vom Leiden zu befreien.

Leerer Baum

Leerer Raum.
Frei von Leid.
Ein erwachter Traum.

Die Wahrheit ist,
Wie die Wahrheit ist.

Oberflächlich erscheint
Alles fest und unabänderlich.
Siehst du tiefer, wird
Alles plötzlich relativ.
Gehst du bis zum Tiefsten,
Hört alles auf und offenbart
Seine leere Natur.

Leerer Traum
Voll vom dreitausendfachen
Weltensystem.

Leerer Schaum
Formte das
Starre Ich.

Leerer Zaun
Begrenzt nichts
Und lässt alles fließen.

Tage der Nacht

Das Dickicht der Welt
Und der Dschungel der Gier.
Viele tun alles für Geld,
Zu wenige für die Liebe.

Ein Leuchtturm in der Nacht
Zeigt uns den Weg.
Buddha hält seine Wacht
In einem alten Gebet.

Die dunkelste Stund
Kommt vorm Sonnenaufgang.
Das ganze Erdenrund
Ist von der Verblendung gefangen.

Wenige graben tiefer
Und suchen das Wahre.
Die Welt hassender Ungeziefer
Füttert mörderisch die Bahre.

Kulminierende Punkte
Im unendlichen Sein.
Eine erleuchtete Stunde
Wird alle befreien.

Flieh!

Rette dich
Und flieh der weltlichen Sicht.
Was sie glauben,
Ist kaum zu glauben,
Weil sie wirklich glauben,
Sie könnten dem Karma entkommen.

Die Weltlichen
Sind die Geldlichen.
Sie nehmen alles,
Was sie kriegen können.
Sie rauben,
Ohne auf die Folge zu schauen.

Rette dich
Und flieh der weltlichen Sicht.
Ihre Art die Welt zu verstehen,
Ruiniert dein Leben.

Rette dich
Und flieh der weltlichen Sicht.
Die Welt hat Werte ohne Werte.
Die Welt hat Grundsätze,
Die grundsätzlich dumm sind.

Rette dich
Und flieh in Buddhas Licht!

Buddhas Licht

Sieh in Buddhas Licht
Und erkenne dich.

Du musst nicht leiden!
Mit Buddhas Lehre
Kannst du dich befreien.

Dein Pfad liegt im Dunkeln,
Aber Buddhas Worte funkeln
Und erhellen den Weg,
Der zur Erleuchtung führt.

Sieh, wie Buddha lacht
Und lass zu, dass die Macht
Des Lächelns zu deiner wird.

Sieh in Buddhas Licht
Und erkenne, wie
Du wirklich bist.
Erkenne die Wahrheit
Der Freiheit, die der
Dharma bereitet.

Kriechendes Gewürm im Schlamm

Das Leben kettet
Sich an Ursache und Wirkung
Und an die verrückte Wette
Entkommen zu können.

Wir fliehen
Wie die Herden der Steppen.
Wir ziehen
Wie die Vögel im Winter
Durch die samsarischen Leben.

Wohin wir ziehen,
Weiß kein Mensch.
Denn das Todesland
Ist unbekanntes Terrain.

Wohin wir fliehen,
Wissen wir nicht.
Der Nebel der Unwissenheit
Liegt über der Welt.

Was ist dein Ziel und
Wie nah bist du ihm?
Was ist dein Plan,
Deinem Tod zu entkommen?

Gänge

Ein Pfad
Zum Erwachen.
Ein Weg
Zu gehen,
Um zu verwehen.

Es geht
Um den Schritt,
Von denen es
Acht gibt.

Es geht
Um die Bewegung,
Die zur Befreiung führt.

Der Pfad ist
Das Licht und sein Wesen ist,
Ihn zu gehen.

Wir müssen achtfach gehen,
Falls wir ein Leben
Frei von Leid leben wollen.

Glühwürmchen

Buddha wacht
Über der Welt
Und seine Hand
Reicht er jedem Wesen.

Buddha liebt
Mit warmem Mitgefühl
Und er gibt
Allen einen Pfad.

Buddha strebt
Mit aller Kraft
Und er webt
Worte der Befreiung.

Buddha hört
Sich deine Sorgen an.
Buddha schwört,
Dass du nie alleine warst.

Buddha sitzt
Unterm Bodhibaum
Und er verwirft
Alles Leid.

Funkelnde Macht

Was strahlt heller als die Sonne
Und schöner als alle Diamanten?
Es ist Shakyamuni Buddha
In der Nacht der Erleuchtung.

Erwacht
Nach dreifacher Nacht.
Erkannt
Das wahre Gewand
Allen Seins.
Erlöst
Vom Unnötigen.

Er strahlt mit einer Macht,
Dass kein Laser, vom Mensch erdacht,
Heller strahlt oder heißer brennt.

Er funkelt
Durch alles Dunkel
Und alle Unglücklichen munkeln,
Dass Rettung naht.

Meine Hoffnung

Ohne Buddhas
Stirbt meine Hoffnung.
Ohne Buddhas
Wird mein Leben
In Dunkelheit enden.

Sie sind mein Licht.
Sie sind meine Sonne.
Sie sind mein
Strahlendes Himmelszelt.

Buddha in meinem Herz.
Buddha in meinem Geist.
Buddha in meinen
Gefalteten Händen.

Aber er erwachte.
Siddhartha erwachte.
Und er lehrte.
Siddhartha lehrte.

Deshalb habe ich Hoffnung.
Deshalb glaube ich und
Deshalb sehe ich das Licht
Am Ende des achtfachen Pfades.

Dein Lebenssinn!

Du hast keinen Sinn im Leben?
Lebe für Buddha!

Du siehst keinen Sinn im Leben?
Lebe Buddhas Pfad!

Du findest keinen Sinn im Leben?
Geh in Buddhas Sangha immerzu,
Jeden Tag der Woche.
Jeden Tag des Monats.
Jeden Tag des Jahres.
Jeden Tag im Rest deines Lebens!

Buddhas Weisheit lehrt
Den tiefsten Sinn,
Die höchste Wahrheit,
Das Licht, das zur
Erleuchtung führt.

Du wirst mit Buddha
Deinen Lebenssinn finden.
Warum?
Weil es keine weiseren, tiefsinnigeren
Menschen gibt in allen Zeiten
Als die heiligen Buddhas!

Der Schmerz im Herz

Folge deinem Herzen!
Aber was anderes will es
Außer das Ende aller Schmerzen?

Buddha sagt nicht,
Es gibt keine Schmerzen.
Aber Buddha sagt,
Es gibt ein Ende des Leidens.
Was stört uns an den Schmerzen,
Wenn nicht das Leiden?

Leid heilt und
Kehrt nie zurück
Auf dem Achtfachen.
Das Herz heilt
Und erlebt das Glück
Des Erwachens.

Heile, indem du weilst
Auf dem Pfad des Dharma.
Erkenne, wie du bist und
Reinige dein Karma.
Sieh, das Licht
Auf Buddhas Weg
Und folge ihm
Ins Nirvana.

Dunkle Jahreszeit

Buddhas Licht
Strahlt in der dunklen Zeit
Jetzt zur Winterzeit und dann
Wenn großes Leid.

Kalt sind die Tage
Und in den alten Tagen
Waren sie arm an allem
In den Ländern des Nordens.

Heute sind wir reich
Und dennoch wächst das Leid.
Damals gab es Glückliche
Und heute gibt es Traurige.

Einsame. Verwirrte.
Depressive. Werden immer mehr.
Das Licht der Buddhalehre
Kann heilen. Das Wort Buddhas
Kann tiefer dringen als jede Psychologie
Und heilen in Bereichen, die keine
Andere Lehre kann erreichen.

Buddhas Licht strahlt
Auf dem inneren Pfad
Ins Tiefste unseres Seins
Und es befreit von Leid.

Immer wieder

Nie wieder zweifeln
An Buddhas Worten.
Nie wieder weichen
Von Buddhas Pfad.

Nie wieder träumen
Beim Meditieren.
Nie wieder schäumen
Weges des Hasses im Herzen.

Nie wieder straucheln
Bei moralischen Entscheidungen.
Nie wieder misstrauen
Den Lehrern des Dharma.

Nie wieder wanken
Im Glauben an Buddha.
Nie wieder schwanken
Bei der Übung des Dharma.

Aber immer wieder glauben
An Buddhas Weisheit und
Immer wieder glauben
An den Pfad der acht Welten.

Der blaue Buddha

Blau
Wie das Azurblau
Des Sonnenhimmels.

Blau
Wie das dunkle Blau
Des Nachthimmels.

Blau
Wie die heilige Kraft
Des Lapislazuli.

Blau
Wie die Hoffnung
Auf Erlösung vom Leiden.

Blau
Für die Einheit
Mit dem großen Ganzen.

Blau
Wie die Farbe des
Arztes Medizin-Buddha.

Rupa

Der Körper leidet
Und darbt krank.
Schmerz frisst sich
Durch meine Glieder,
Mehr noch in mein Herz.

Vergänglich
Und endlich,
Das bedeutet körperlich.

Tödlich verunglückt
Oder zerrissene Glieder
Und aufgespießte Gesichter.

Körperliche Leiden
Sind die Weichen
Der körperlichen Welten.
Körperliche Schmerzen
Sind der Wert
Der körperlichen Dimensionen.

Augen der Weisheit

Buddhas schauen
Mit erwachten Augen.

Alles was sie sehen,
Können sie verstehen.

Ein Blick und
Du wirst von Weisheit verschluckt.

Ein Wimpernschlag
Und du erkennst, was wahr.

Ihre Seelenfenster
Sind leere Nester.

Buddhas Augen
Kannst du vertrauen.

Dort

Im Angesicht der höchsten Wahrheit
Erwachen wir zu nichts geringerem
Als unserem wahren Selbst.
In der Gegenwart der maximalen Freiheit
Finden wir endlich heraus,
Wer wir wirklich sind.

Wahrheit und Freiheit.
Erwachen und Erleuchtung.
Höchstes Glück und
Grenzenlose Weisheit.

Solche Zustände sind möglich.
Solche Erfahrungen sind realistisch.
Wie du dorthin gelangst?
Es ist einfacher, als du denkst:
Folge einfach Buddha.

Folge ihm nicht unterwürfig.
Folge ihm nicht blind.
Werde nicht Buddhas Sklave.
Werde nicht Buddhas Besitz.

Buddha ist dort am Ort, wo
Freiheit und Weisheit lebt.
Dort hört Unterordnung und Hierarchie auf.
Dort endet jede Knechtschaft und es
Öffnen sich die Pforten für höchste Freiheit.

Erleuchtete Fragen

Ohne die Buddhas,
Wohin sollen wir schauen?
Wohin sollen wir uns wenden?

Wie sollen wir ohne die Buddhas
Wissen, in welcher Richtung
Die Erlösung vom Leiden liegt?

Was wäre eine Welt ohne Buddhas?
Eine Welt in der Dummheit, Hass
Und Gier das Leid ins
Unermessliche steigern.

Wie könnten wir ohne Buddhas
Wirklich dauerhaftes Glück finden?
Es geht nicht, ging nicht und
Wird auch in Zukunft nicht gehen.
Die Buddhas sind unser Leuchtturm
Auf diesem Ozean aus Sorgen,
Problemen und Ängsten.

Warum sollten wir uns vor einer Welt
Ohne Buddhas fürchten?
Weil sie die Waffen gegen die Angst sind.
Sie wissen, wie wir die Ängste
Besiegen. Sie besitzen das Wissen,
So dass wir nicht weiter Opfer
Unserer Ängste werden.

Vergängliches Leben

Träume platzen.
Das ist das Wesen Samsaras
Und der größte Schatz
Kann sich als Falle entpuppen.

Alles vergeht.
Das ist das Wesen der Welt.
Nichts bleibt bestehen,
Wenn sein karmisches Potential
Aufgebraucht ist.

Ewiger Wandel
Ist das Wesen der Natur.
Kein noch so starker Schwur
Kann dem Wandel
Einhalt gebieten.

Du wirst sterben,
Egal was du tust
Und jemand wird erben
Dein karmisches Konto.
Einsichtige verstehen,
Dass das Wesen des Daseins
In der Vergänglichkeit besteht
Und sie wählen einen Pfad
Ins Nirvana, denn Nirvana
Liegt jenseits der Wandelwelt.

Buddhafelder im Wolkenland

Buddhas
In den Wolken.
Buddhafelder
Mit blinkenden Stufen.

Eine paradiesische Welt
Ist ein Buddhafeld,
Weil es dort jedem gefällt
Und die Wahrheit triumphiert.

Drei Dinge sind wahr:
Die Leidhaftigkeit, der Wandel
Und das Leere aller Wesen.

Vier Wahrheiten leuchten klar:
Die Wahrheit vom Leid.
Die Wahrheit von den
Ursachen des Leidens.
Die Wahrheit von der
Aufhebung des Leidens und
Die Wahrheit vom Pfad,
Auf dem alles Leiden endet.

Lerne die Lehre
Zur Ehre deines und aller
Kommenden karmischen Wesen.

Da ist

Das Leben
Wird vergehen.

Vergangenes Glück
Kommt nicht zurück.

Hoffnung lösen
Sich unerhört.

Und das Leid
Pausenlos erscheint.

Aber da ist Ungeborenes
Im Geborenen.
Da ist ein Pfad
Zur erwachten Nacht.
Da ist sogar eine Abkürzung
Zur Erlösung.
Denn da ist ein Lehrer
Mit seiner heiligen Lehre.
Da ist Buddha
Mit seiner heilenden Charta.

Zeitlos frei

Zeit verstreicht,
Doch ist nur ungenutzt,
Wenn du nicht
Den Dharma nutzt,
Um dein Leid zu zerreißen.

Zeit überwindet ein Buddha.
Für einen Buddha verstreicht
Keine Zeit mehr, denn er ist
Von allem befreit.
Selbst wenn er für uns
In der Zeit bleibt, er bleibt
Von der Zeit befreit.

Losgelöst von aller Welt.
Erlöst von allem Leid,
Erhört er alle Klagen
Und ermutigt zu
Befreienden Taten.

Nutze die Gunst
Der Stunde und
Dreh eine Runde
Am Dharmarad!

Glaubenswahn

Glaube bindet uns.
Der Glaube Samsara könnte
Irgendwann erfüllend
Oder zumindest anders sein.

Glaube fesselt.
Festgeklebt ans Dasein,
Weil die Hoffnung lebt,
Samsara könnte besser werden.

Glaube vernebelt unseren Geist.
Er lässt uns Dinge sehen,
Die nicht da sind oder die nicht
So sind, wie sie erscheinen.

Glaube verführt uns,
An Samsara festzuhalten.
Auch der Himmel eines Gottes
Ist Samsara und voller Leidenssamen.

Glaube erpresst uns.
Er zwingt uns Dinge zu tun,
Von denen unser Verstand sagt,
Dass sie töricht und böse sind,
Aber das stört den Glauben nicht,
Er zwingt uns und vernichtet.

Glückskind

Täglich Buddha
Und täglich
Weniger Kummer

Täglich Dharma
Und einen Schritt näher
Ans Nirvana

Täglich meditieren
Und so täglich
Mehr Liebe fühlen

Jeden Tag haben wir die Chance, auf dem Pfad des Buddha zu wandeln. Ich verstehe nicht, wie Leute unglücklich sein können, wenn sie in einem Land leben, in dem sie Buddhas Dharma praktizieren dürfen. Ich verstehe noch nicht einmal, wie ich jemals unglücklich sein kann, da ich einem Land lebe, in dem ich den Dharma praktizieren darf. Es gibt kein größeres Glück, welches wir in der Welt finden können, als an einem Ort zu leben, an dem der Dharma frei, vorhanden und erlaubt ist.

vier und acht

Frei
Von allem
Leid

Geheilt
Und für immer
Befreit

Gesiegt
Über jeden
Krieg

Erwacht
In dreifacher
Nacht

Buddha
Ist wie eine
Mutter

Ich
Nur ein
Dickicht

Die größte Pandemie

Hass und Gier
Und in ewiger Regie
Schicken sie einen Regen
Ängstlichen Schweigens.

Eingeschüchtert.
Verunsichert.
Traumatisiert.

Keiner weiß, ob er
Der nächste ist, der sich
Mit Gier und Hass infiziert.
Denn Gier und Hass
Sind eine Zombiedroge und
Verwandeln Menschen in Mörder.

Krank ist Welt.
Krank von Gier und Hass.
Infiziert ist die Welt.
Infiziert von Gier und Hass.
Eine Pandemie beherrscht die Welt.
Es ist die größte und schlimmste
Pandemie aller Zeiten.
Es ist die Pandemie
Der Gier und des Hasses.

Warum ich Buddha wählte?

Du suchst ein Vorbild,
Dem du folgen kannst?
Du suchst ein Vorbild,
Dem du vertrauen kannst?

Ich wählte Buddha
Und begann ihn zu lieben
Wie meine Mutter.

Ich wählte Buddha
Und dank ihm,
Endete mein Dilemma.

Ich wählte Buddha,
Sein Dharma wurde
Mein Hauptthema.

Ich wählte Buddha,
Er führte mich in eine
Höhere Liga.

Ich wählte Buddha,
Denn er zeigte mir
Den Weg ins Nirvana.

Virya

Virya Paramita.
Täglich zehn Stunden.
Täglich hunderte
Niederwerfungen,
Um Zuflucht zu nehmen.

Es gibt einen Ausweg
Aus dem Leiden.
Es gibt eine Möglichkeit,
Nie wieder Probleme zu haben.
Es gibt einen Weg,
Alle Sorgen loszuwerden.
Alles was du dafür brauchst,
Ist Virya Paramita.

Virya Paramita heißt,
Immer mehr geben
Als am Tag zuvor.
Virya Paramita heißt,
Keinen Tag Pause machen.
Virya Paramita heißt,
Mehr als hundert Prozent geben.
Virya Paramita heißt,
Den Dharma mit
Ganzem Herz zu leben.

Wann?

Wann endet Samsara?
Dann wenn das Leiden endet.

Wann erwacht mein
Innerer Buddha?
Dann wenn du
Alles losgelassen hast.

Wann sehe ich
Das Licht der Befreiung?
Dann wenn du die Dunkelheit
Der Unwissenheit auflöst.

Wir streben
Auf vielen Wegen
Und unser Lohn
Ist der Karmastrom.

Dann erkennen wir,
Was wirklich zählt
Und wählen den Achtfachen,
Der zur Freiheit führt.

An dessen Ende
Ist die große Wende
Zu unserem wahren Selbst
Und der heilen Welt.

Folge und entfolge

Buddha folgen,
Heißt der Welt
Zu entfolgen.

Solange du tust,
Was Gier und Hass
Von dir verlangen,
Solange bleibst du
Ein Gefangener.

Lass los
Und nimm das Los
Innerer Buddhaschaft an.
Folge dem Pfad
Und entfolge Gier und Hass.

Diese Welt führt
Nur zu Üblem.
Diese Welt entführt
Dein wahres Glück.
Diese Welt kürt
Gier, Hass und Dummheit
Und erzeugt dabei Leid.

Folge dem Buddha
Und entfolge der Welt
Der Gewalt und des Geldes.
Folge dem Buddhas
Und schippere mit dem Kutter
Ans rettende Ufer.

Weißer Nebel am Morgen

Im Licht Nirvanas.
In der Dunkelheit Samsaras.

Erwacht lachen.
Verblendet hassen.

Buddha verehren oder
Eine neuen Hitler ersehnen.

Einfach glücklich sein.
Sinnlos leiden.

Leben im Frieden.
Sterben im Krieg.

Weltwinde erheben
Oder nehmen.

Sich befreien.
Für immer heilen.

Buddhas Lächeln

Ein Lächeln,
Um die Welt
Zu retten.

Das Halblächeln
Der Buddhas ist
Ein Kutter ins Nirvana.

Ihren strahlenden Augen
Will ich mein Leben
Anvertrauen.

Ihre liebevollen Gesten
Sind das allerbeste
In allen Geburten.

Sein Lächeln
Kann mich vor
Allem retten.

Sein Lächeln
Löst alle
Leidensketten.

Taras

Ein Regenbogen
Aus 21 Taras.

So viele holde,
Heilige Frauen.

Die grüne Tara
Tanzt mit Amoghashiddi.

Die weiße Tara
Tanzt mit Vairocana.

Die goldgelbe Tara
Tanzt mit Ratnasambhava.

Weiblichkeit ist das Symbol
Buddhistischer Weisheit.

Sieh, wie eine purpur Buddhina
Auf dem lila Lotos thront!

Anders

Wie die riesigen Wellen
Auf einem stürmischen Ozean
Stürzt über mir alles zusammen.

Ich merke, was es heißt,
Die Sintflut zu erleben.
Mein Leben gleicht einem Erdbeben.

Dann sehe ich ihn sitzen
Auf seinem Lotoskissen
Mit dem erhabenen Lächeln.

Es sieht mich an
Dieser heilige Mann,
Weil er befreit lächeln kann.

Mit nur einem Blick
Nimmt er ein Stück
Der Last von mir.

Dann höre ich, was
Er sagt und ich finde mich
Befreit von meinen Sorgen.

Tausende

Tausend Fehler.
Tausend Leben.
Tausend Mal bereuen.

Wissen ist schön,
Aber erst die praktische
Weisheit heilt,
Weil wir sonst tun,
Was uns schaden tut,
Obwohl wir wissen, dass es schaden tut.

Saufen. Orgien. Drogen.
Fremdgehen. Stehlen und schlagen.
Wir alle wissen, es bringt uns Unglück
Und fast alle tun es, als ob ihr
Wissen nicht existiert.

Tausend Fehler.
Tausend Mal Karma.
Tausend Mal Leid.

Ich folge Buddha!

Ich glaube an Buddha.

Kniend werfe ich mich den Buddhas
Zu Füßen und bettle sie an,
Mich zu führen.

Mein Gemüt ist
Weich und labil.
Die Hektik, die Gefahren
Und der Stress der Welt
Sind mir zu viel.

Ich glaube an Buddha,
Dass sein Weg das geistige Futter
Ist, das ich brauche,
Um den Stress für immer
Auszurotten.

Ja ich will Leiden und Stress,
Probleme und Sorgen
Für immer ausrotten.
Mit der Wurzel will ich
Sie ausreißen, damit sie
Nie wieder sprießen
Und wie das geht, lern ich
Auf dem Buddhaweg.

Kuscheln mit Buddha

Mit Buddha kuscheln
Und Sternentaler lutschen.

Dharmasänger klingen
Im himmlischen Gewimmel.

Kleine Kinder finden
Die weisen Schwingen

Und die Alten sind
Heilende Gewalten.

Das Wort Buddhas
Ist süß wie Zucker.

Voller Glück ist
Buddhas Meisterstück

Und es befreit
Alle vom Leid.

Heilsame Riten

Buddhas Kinder
Sind Ergründer
Und sie sind Erfinder
Heilsamer Rituale.

Danke sagen und
Nicht hinterhertragen.
Bitten erfüllen
Und Tiefe ergründen.

Hinhören und
Nicht verstören.
Spüren, was die
Anderen fühlen.

Sinne tasten
Und Geister erraten.
Menschen nehmen,
Was sie einst gegeben.

Das Dharma wahr
Und unschlagbar.
Der achtfache Pfad
Erfüllt unumkehrbar.

Samsaras Gesetz

Welchen Lohn bringt die Welt
Außer den Kreislauf aus Leiden?
Du kreist von Geburt zu Geburt
Und landest in vielen Furten.
Manche sind gut. Manche ungerecht
Und in manchen wirst du
In tausend Stücke gehackt.

Glaube nicht nach einer Million
Leben, dass es möglich ist, dem ewigen
Auf- und absteigen zu entgehen.
Heute bist du ein Gott. Morgen
Foltern sie dich auf dem Schafott.
Wüssten wir nur, was kommt,
Wäre es ein leichtes Spiel. Doch im Spiel
Samsaras bleibt alles ungewiss.

Wenn Wandel wahre Wahrheit ist.
Wenn Unbeständigkeit das Weltgesetz.
Wenn Veränderung alles determiniert.
Dann weiß niemand von uns,
Was das Morgen bringt und so bleibt
Leid und Tod selbst für den höchsten Gott
Eine unvorhersehbare, unkalkulierbare Not.

Heilsame Gefühle

Die Liebe zur Welt
Endet im Geld.
Die Liebe zu Buddha
Führt ins Nirvana.

Was wir lieben,
Zeigt, wie wir fühlen.
Fühlst du tief oder
Bist du oberflächlich?

Wir spüren zart,
Was in uns reift.
Dann wird wahr,
Wohin unser Geist schweift.

Der Träume streben
Endet in neuen Reben.
Der Herzen Sehnen
Will erleben.

Höchste Liebe
Erschafft Gefühle,
Die ins Paradies
Des Nirvana führen.

Buddhas Glorie

Glorienschein?
Wer hat verdient
Den Glorienschein,
Wenn nicht jene
Die heilen alles Leid!?!

Götter und
Göttersöhne
Können nicht alles Leid
Von den Menschen nehmen,
Aber der Dharma des Buddha kann,
Denn das ist seine Macht.

So wird der Glorienschein
Eines Halbgottes zum Witz,
Denn nicht kennt er einen Weg,
Der für immer aus dem Leiden führt,
Aber Buddha kennt diesen Weg.

O Glorie
Der Buddhaschaft
O Macht
Mit der Kraft
Uns wahrhaft zu erlösen
O Buddha
Gib uns das Futter
Deiner heiligen Lehre

Wahre Wege

Träume von Macht und Geld
Und ein Leben an den
Reichen Stränden der Welt.
Aber wer glaubt, das ist Glück,
Ist wahrlich verrückt!

Gier nach dem Materiellen
Wird immer in Kummer enden.
Hang am Materiellen
Lässt die Sorgen anschwellen.

Es gibt einen Weg,
Der wirklich ins Glück führt.
Es ist ein Weg wahrer Werte,
Der Weg des hochverehrten Jiva.

Verlass ihre Gedankenwelt
Von Macht, Ruhm und Geld
Und wähle den achtfachen Weg,
Der ins grenzenlose Glück führt.

Spirituelles Futter

Die Mutter des Buddha starb
Kurz nach seiner Geburt.
Großer Kummer webte im Buddha,
Bis er erkannte ihre Furt.

Ist es Tushita und sitzt
Sie neben Maitreya oder
Ist ein Buddhafeld
Wie das Akanishta des Vairocana
Oder Sukhavati ihr neues Heim?

Der Kummer der Mutter Buddhas
Versiegte, als sie spürte,
Dass er auf dem Pfad siegte
Und Nirvana realisierte.

Aller Mütter Kummer
wird versiegen,
Sobald sie realisieren,
Wie ihre Kinder den Frieden
Des Nirvana finden.

Relevantes

Goldene Haut
Und ein Haupt gekrönt
Von einer Ushnisha.
So steht es geschrieben,
Soll das Aussehen unseres Gurus
Gewesen sein.

Am Ende ist egal,
Wie er aussah.
Es ist nicht wichtig,
Woher er kam.
Alles was zählt, ist der Weg,
Den er vollendet hat,
Indem er erwachte.

Äußerlichkeiten zählen
Für die verblendeten Seelen.
Sie wollen einem Königssohn
Und Edlen folgen.
Aber was zählt, ist der Weg
Des Erwachens und Siddharthas Kraft,
Ihn bis zum Ende zu gehen.

Der Erde Zeugschaft

Vor langer Zeit
In einem fernen Land
Ist ein Mann
Zur höchsten Wahrheit erwacht.

Dieser Mann
Lehrte, so lange sein
Körper fortwährte und er
Zeigte den Weg,
Der zum Erwachen führt.

Vor langer Zeit
Ist er erwacht in
Dreifacher Nacht und hat
Die Lehre lebendig gemacht.

Dieser Mann lehrte,
Wie alle Wesen auf Erden
Zur höchsten Wahrheit werden
Und erwachen in stillem Lachen.

Buddha Mutter

Buddha
Ist wie eine
Leidende Mutter

Er sorgt sich um uns
Er füttert uns sogar
Mit Weisheit und Heilheit

Buddha
Ist manchmal
Auch wie eine Großmutter

Immer hat
Er süße Früchte
Weisen Dharmas für uns

Buddha
Ist auch ein
Starker, beschützender Vater

Er fängt uns auf,
Wenn wir fallen und
Er ist unser Fels
In der Brandenburg

Buddha
Wird selbst
Zum Großvater.
Er ist alt
Und weise und hat
Immer einen guten Rat

Dumm oder klug

Dummheit treibt
Tief ins Leid und
Versperrt den Ausweg
Aus der Pein.

Geblendet von Dummheit
Laufen die Leute
Mit Volldampf in ihr Leid.
Zu viele Gräber sind gefüllt
Mit Dummen, die Dinge taten,
Die ihnen Jahre raubten.

Naiv und beknackt
Mitten ins Grab.
Unbedacht und
Der Tag wird zur kalten Nacht.
Idiotie rettet nie,
Aber sie führt zum Gram.

Klug und weise
Wirst du dich von Sorgen,
Ängsten und Problemen befreien.
Aber bleibst du dumm,
Bleibt das Glück stumm
Und du bringst dich um.

Dschungel der Sinne

Mein Blick gefangen
Vom schönen Licht,
Das sich an den Kurven
Holder Weiblichkeit bricht.

Mein Herz verstört
Von der Masse der Emotionen,
Die mich verfolgen
Wie Spionagedrohnen.

Das Leben ist gefährlich,
Überall warten Fallen
Der Sinnenwelt und
Wollen, dass ich zurückfalle.

Dröhnend in meinen Ohren
Die Klänge der antiken Sirenen,
Die mit ihren Stimmen
Sexuelle Szenen nachspielen.

Bildschirme warten
Wie fleischfressende Pflanzen
Auf die Fliegen, um all ihr
Gutes Karma aufzufressen.
Denn die Sinnenwelt ist
Ein Dickicht wie der Dschungel,
Der die ganze Erdkugel umrundet.

Zeiten reiten

Der Blick zurück.
Ewiges Unglück.

Der Blick nach vorn.
Gieriger Dorn.

Der Blick ins Herz
Heilt den Schmerz.

Wenn wir im gestern leben,
Verstreicht unser Leben
Und wir leben wie Geister
Einer vergangenen Zeit.

Wenn wir uns nach
Der Zukunft sehnen,
Verschwenden wir die Chance,
Im hier und jetzt zu wachsen.

Dieser Augenblick ist
Für uns wahr. Hier und jetzt
Lebt die heilsame Tat,
Das gütige Wort und
Der weise Gedanke.

Demütig flehend

Flehend falle ich zu Boden.
Kniend falte ich die Hände.
Demut führt meinen Blick.

Diese Welt ist schlecht
Und mein Herz gefangen
In Finsternis, die ins
Verderben führt.

Ich bete, mehr noch
Ich bettel die Buddhas an,
Mir ein Licht zu senden,
Nach dem ich mich
Richten kann.

Wimmernd vergrabe ich
Mein Haupt zwischen
Meinen Händen, die ehrfürchtig
Auf dem Boden kleben.

Unwürdig die Heiligen
Zu sehen. Verloren im Nebel
Karmischer Verstrickungen,
Schaufel ich mein eigenes Grab
Und säe unheilvolle Saat,
Die mich in diesen und vielen
Weiteren Leben peinigen wird.

Mein Retter!

Ich könnte nicht ohne
Buddhas Dharma weiterleben.
Früher oder später
Würde ich aufgeben
Und mir das Leben nehmen.

Woher ich das weiß?
Aus meiner Vergangenheit.
Aus dem Leben, das ich lebte,
Bevor ich Buddhas Worte hörte.

Selbst wenn ich
Nur ein Hörer bin,
Ich bin ein Buddhakind.
Selbst wenn ich die
Fünf Silas nicht schaffe,
Ich will Buddha folgen
Und erwachen.

Hat Buddha mich gerettet?
Ja! Wovor?
Vor einem Leben ohne Sinn,
Einem Leben voll Trübsal,
Vor Langeweile und ständiger Reue,
Vor einem Pfad, der pausenlos
Ins Unheil führte.

Erntezeit

Niederwerfen
Von ganzem Herzen.

Zuflucht suchen,
Um sich zu beruhigen.

Folge Buddha
Wie das Küken der Glucke.

Kniend beten
Und den Dharma wählen.

Ein Hörer werden
Und sich spirituell erden.

Ein Jünger des Erwachten
Vollbringt heilige Taten.

Nur wenn wir lernen
Vom großen Lehrer,
Werde wir das Nirwana ernten.

Sonne des Dharma

Ein heiler Geist
Erzeugt eine heile Welt.
Von Hass befreit
Und größer als Geld.

Ein glückliches Leben
Entsteht durch geben.
Wir geben mehr,
Als wir nehmen.

Ein Dasein der Liebe
Erhaben über Triebe.
Der Fluss des Glücks
In jedem Augenblick.

Die Sonne des Dharma
Zeigt den Weg ins Nirvana.
Wir schmelzen die Reste
Allen weltlichen Karmas.

Die heiligen Lieder
Erklingen in mir.
Zerstört wird die Haftung
An Unglück und Gier.

Keine Wiederkehr
Und die Buddhas verehrt.
Denn ihre Worte
Verkünden höchsten Wert.

Über die Schwelle

Bereit sein,
Einen Schritt weiterzugehen.
Bereit sein,
Die Schwelle zu übertreten.

Dieses einfache Leben
Getaucht in Leid.
Dieses kleine Leben
Gebunden an Neid,
Sorgen und Angst.

Es gibt eine Schwelle,
Wie eine Grenze.
Es gibt ein
Anderes Ufer.

Es gibt ein Leben,
Ohne streben.
Ein Leben, welches frei
Von Angst und Leid.

Zwischen beiden Leben
Gibt es Unterschiede.
Hier mein kleines Leben,
Dort mein erwachtes als Buddha.

Eine Welt

Eine Welt voller Leid.
Hass und Neid.
Gier und Wut.
Zensur ungenügend.

Aber ist die Welt Schuld
Oder die verblendeten Geister?

Irre irren.
Hassende erschlagen.
Gierige konsumieren.
Aber nichts davon
Bringt dauerhaft Frieden,
Glück oder Erfüllung.

Eine Welt frei von Leid
Und mit grenzenloser Freiheit.
Eine Welt der Liebe
Befreit von gierigen Trieben.
Eine Welt ohne Geistesgifte
Voll altruistischer Hilfe.

Es wäre so einfach,
Diese Erde in ein Paradies
Zu verwandeln.
Worauf warten wir?

Dort

Wo mein Herz erblüht.
Wo meine Hoffnung
Erfüllung findet.
Wo mein Leben
Einen Sinn ergibt.
Da ist der Dharma
Des Buddha, der direkt
Ins Nirvana führt.

Wo mein Herz
Endlich Frieden findet.
Wo all meine Schmerzen
Sich in Weisheit verwandeln.
Wo Erlösung schließlich
Wirklichkeit wird.
Da ist die Lehre,
Des von mir verehrten,
Heiligem Erwachten.

Wo mein Leben
Sicher ist.
Wo meine Liebsten
Freiheit finden und
Wo einzig unter allem Dasein
Wirklich echte Sicherheit existiert.
Das ist das Nirvana
Nach dem Ende
Allen Karmas.

Weise Liebe

Buddhas Macht
Ist höchste Wahrheit.

Buddhas Liebe
Befriedet alle Triebe.

Buddhas Opfer
Stehen im Dhammapada.

Buddhas Licht
Zerstört die Staubschicht.

Buddhas Weisheit
Hat die Macht zu heilen.

Buddhas Leben
Diente den Wesen.

Buddha wählt dich.
Komm ins Licht!

Ohne Licht

Dunkel und böse
Wäre eine Welt ohne Buddhas.
Es gäbe keine Erlösung.
Dafür endlosen Kummer.

Hass und Gier
Würden ohne Erwachte wachsen.
Niemand kennte das Heilsziel
Oder andere heiligen Sachen.

Die Geistesgifte würden regieren
Und keine wäre sicher.
Sie würden alles ruinieren
Und jede wäre ärmlicher.

Diese Welt wäre hart
Und die Gewalt überall.
Die Liebe wäre erstarrt
Und alle Herzen kalt.

Eine Welt ohne Buddhas
Wäre eine Katastrophe.
Es wäre eine Welt des Hasses
Mit überquellenden Folterkellern.

Die Lehre des Erhabenen

Buddhas Lehre
Fließt in meinen Venen.
Über ein Jahrzehnt
Habe ich sie inhaliert.

Buddhas Worte
Öffneten die Pforte
Meiner Seele und
Zeigten ihre Leere.

Buddhas Reden
Wurden mein Eden,
Nach dem ich mich
Jeden Augenblick sehne.

Buddhas Handgesten
Forme ich zu Gedichten,
Damit sie alle Welt
Mit Sinn erhellen.

Buddhas Schritte
Wandeln in der Mitte
Zwischen den Extremen
Des weltlichen Lebens.

Wertwohl

Hoffst du auf die Welt
Oder mehr Geld?
Die Gräber sind voll
Mit Menschen, die hoffend starben.

Gib auf den Wunsch.
Gib auf die Sehnsucht.
Atme ein. Atme aus.
Wenn du das kannst,
Dann hast du alles,
Was du brauchst.

Frieden: innen und außen.
Glücklich: mit und ohne.
Dankbar statt hoffend.
Freudig statt sehnend.

Der Weg zum Glück führt zurück
Ins nackte hier und jetzt.
Der Weg zu wahrem Wohlstand
Ist der Weg wahrer Werte.

Sinnenwelt

Finde den Weg,
Welcher jenseits der Sinne
In die höhere Welt führt.

Die Augen sehen.
Die Ohren hören.
Der Mund schmeckt.
Die Nase riecht.
Der Körper fühlt.
Mehr ist nicht
In dieser Welt,
Aber Buddha sagt,
Es gibt eine höhere Welt.

Deine Sinnestore brennen
Und ihre Lüste lassen
Dich am Ende flennen.
Nicht nur dich, auch jene,
Die sagen, sie sind stärker
Als alle Probleme, flennen
Früher oder später.

Gekehrter Nährwert

Nur die Kraft des Herzens
Zerstört die Schmerzen.
Nur das Herz erkennt
Den wahren Wert.

Welcher Wert
Ist es wert, mit aller Kraft
Zu machen: nur das Erwachen.
Nur das Erwachen.

Nur im Erwachen
Findet sich das heiligste Machen.
Nur durch Erwachen
Reinigen sich alle Fakten.

Wenn der Wert erkannt,
Die Lüge ist verbannt.
Wenn der Weg gewählt,
Nichts mehr aufhält.

So wird Nirvana
Als Lohn des Dharma.
So versiegt alles Karma
Im frischen Buddha.

Wahres schaffen

Buddhaschaft
Besitzt die Kraft,
Alle Probleme zu lösen.

Buddhaschaft
Entspringt dem Wunsch
Heiligster Bodhisattvas.

Buddhaschaft
Ist voll der Macht,
Menschen zu führen.

Buddhaschaft
Erlangte der Erwachte
In dreifacher Nacht.

Buddhaschaft
Ist nicht rätselhaft
Für die Hörerschaft.

Strebe nach
Deiner Buddhaschaft
Mit deinem ganzen Lebenssaft.

Leere Blätter

Wie ein Blatt vom Baum fällt,
Endet Leben für Leben,
Das spüre ich und sehe hoch
Zu den Bäumen.

Einige stehen grün
In der weißen Winterlandschaft.
Andere sind kahl und ich frage,
Was ist mit jenen, die alles
Karma gereinigt, aber ihr
Haus weiterbauen?

Ich überlege und
Sehe eine Mistel.
Sie ist grün und ein Parasit.
Sie ist das, was den Entleerten
Weiter treiben lässt.

Kalpa um Kalpa
Verstreicht. Nichts ist da mehr
Nur eine alte Mär aus längst
Vergangener Zeit, die nicht loslässt.
So baut der Hausbauer
Das Haus karmischer Ströme.
So darbt der Hausbewohner,
Weil der Dachfirst verführt.

Wunderkunde

Kunde
Der Wunder
Des Buddha.

Besungen
In spirituellen Runden,
Um zu ergründen,
Was Dharma ist.

Die Lehre
Des ehrenwerten
Lehrers Siddhartha.

Erklärt und
Hoch verehrt,
Denn kein Wert
Ist größer in der Welt.

Gereinigtes Karma
Leitet ins Nirvana
Der Wahrheit.

Gefühlt und
Berührt, was tief
Ergründet.

Zuflucht zu Buddha, Dharma und Sangha

Zuflucht nehmen,
Heißt nicht aufgeben,
Sondern verstehen.

Zuflucht nehmen,
Ist der Weg in
Ein besseres Leben.

Die Zuflucht zum Buddha
Als spirituelle Mutter
Lindert allen Kummer.

Die Zuflucht zum Dharma
Führt ins Nirvana
Und verbessert dein Karma.

Die Zuflucht zur Sangha
Macht einfach dankbar
Für liebe Weggefährten.

Größer als das Leben

Ein Grund zu leben,
Der größer ist
Als dein Leben.

Viele Antworten:
Götter, Erwachen,
Dein nächstes Leben,
Aber eigentlich bleibt
Es eine Antwort:
Dharma!

Lernst du den Dharma,
Wirst du heilig werden
Und aufsteigen in den
Götterbereich.

Lernst du den Dharma,
Wirst du erwachen
In Anuttara Samyak
Sambodhi.

Lernst du den Dharma,
Wirst du dein nächstes Leben
Mit Glück, Weisheit
Und Freude segnen.

Am Ende ist der Dharma
Größer als dein Leben und
Wenn du zum Dharma wirst,
Wirst du größer werden,
Als du je gedacht im Leben.

Reichtum

Nehmen,
Was gegeben
In früheren Leben.

Fallen,
Wo zuvor
Erschlagen.

Rennen,
Statt zu sitzen
Und verpassen.

Es wächst,
Wie einst
Gesät.

Unsterblich,
Weil einfach
Ungeboren.

Vier Berge
Zermalmen
Ausweglos.

Gib alles
Und lebe
In Saus und Braus.

Ära Buddhas

Das Leben als Buddhist
Ist herrlich.
Denn Buddhas Lehre
Ist wahre Ehre.

Das Leben mit Buddha
Befreit vom Kummer.
Buddhas Worte heilen
Vom sinnlosen Leiden.

Mit Buddha an meiner Seite
Fühle ich mich befreiter.
Buddha ist mein Glück,
Weil er mein Leben schmückt.

Buddhas Pfad ist mein
Und soll es immer bleiben.
Ich will Buddha vertrauen
Und auf den Dharma bauen.

Denn nur mit Buddha
Finde ich das Nirwana.
Nur mit Buddhas Führung
Verwirkliche ich Befreiung.

Herzensbuddha

Wo Buddha ist,
Wird Frieden entstehen.
Deshalb öffne dein Herz
Für die Macht Buddhas.

Ich öffne mein Herz
Und errichte einen
Lehrthron für Buddha,
Weil er mein Lehrer ist.

Buddha ist der Lehrer
Der vier göttlichen Lieben.
Mit seinen Worten lehrt
Er mich den Pfad zum Himmel.

Im Himmelsreich gibt es kein
Irdisches Leid, aber dennoch
Entstehen dort Samen, die tragen
Zu niederen Pfaden.

Niedere und höhere Pfade
Sind das Kreisen Samsaras.
Keiner weiß, wohin der Weg führt,
Aber Buddha lehrt Nirvana erlöst.

Omas Om

Om sagt Oma
Und schwärmt
Vom Dharma.

Om sagt Oma
Und redet
Vom Karma.

Om sagt Oma
Mit großen Augen,
Die staunen, als sie versteht,
Was ein Buddha ist.

Om sagt sie
Im Schlaf
Und in der
Schlaflosen Nacht
Und fragt sich, ob auch sie
Erwachen kann?

Tägliche Gebete

Kein Tag vergeht,
An dem ich nicht bete
Um die Buddhalehre.

Ich kenne Buddhas Worte,
Aber wie tief reicht mein Sinn,
Um zu erfassen die Orte,
Die in seinen Lehren
Verborgen sind.

Ich bete
Für die Lehre
Der befreienden Leere.

Heilen kann die Welt,
Aber nicht mit Geld,
Sondern mit Erkennen,
Verstehen und indem sie über
Schlechte Gewohnheiten hinausgeht.

Wahre Leere

Sieh ins Spiegelbild!
Ergreife dein Selbst.
Was findest du,
Was ist dein wahres Sein?
Was von all dem,
Was du bist,
Hast du wirklich allein gemacht
Und nicht nur geborgt von
Deinen Eltern und der Natur?

Leerheit ist
Unsere wahre Natur,
Aber Leerheit ist
Nicht nichts.

Nur das Leere
Nicht Nichts ist,
Merke dir und
Dann dringe ein
In die leere Natur
Allen Seins.

Wege des Dharma

Der Pfad zu
Dauerhaftem Glück
Und umfassender Erfüllung
Wurde offenbart.

Der Weg
In ein Leben
Aus Frieden und Harmonie
Liegt vor dir.

Der Pass über
Die Gebirge des Hasses,
Der zu Vergeben und Vertrauen
Führt, öffnet sich jedem.

Der Steg
Am Ozean der Erleuchtung
Wartet auf deinen
Sprung ins Wasser.

Du kannst die
Acht Schritte setzen
Und dich von allem Leid
Für immer befreien!

Das größte Wunder des Planeten

Buddha
Ist ein Wunder.
Aber wer Buddhas
Lehre versteht, begreift:
Buddha ist das
Größte Wunder der Welt.

Ein Mann,
Der den Ausweg
Aus dem Leiden fand.
Ein Mann,
Der uns einen Weg hinterließ,
Uns für immer vom Leiden
Zu befreien.

Du fragst,
Was ist das größte Wunder
Der Welt: Es ist Buddha.
Du fragst,
Was ist das größte Wunder
Aller Zeiten: Ein Mensch,
Der zum Buddha wird,
Ist das größte Wunder.

Weisheitslenker

Sinn. Unsinn.
Verstehen oder
Blind ins Unglück gehen.

Wissen ist Macht
Mit der Kraft,
Techniken zu erfinden,
Um wirklich Berge
Zu versetzen.

Der Weisheit Herr
Ein alter Inder.
Er erreichte sehr
Viel Weisheit und
Erklomm den Gipfel
Des höchsten Verstehens.

Sieh in die Welt
Und verirre dich
In ihrem Wahnsinn.
Sieh in dein Selbst und
Erkenne dein wahres Wesen
Und verstehe alle
Geheimnisse der Welt.

Unsinn

Funkeln. Glitzern.
Rausch. Entspannung.

Die Welt lockt.
Die Sinnestore brennen.

Dies und das
Und dies und jenes;
Daran gebunden, Millionen
Versprechen Glück zu finden.

Sieh hin:
Sie alle sind gescheitert!
Du glaubst mir nicht?
Dann setze dich in die Sprechstunden
Der Psychologen der Reichen,
Mächtigen und Erfolgreichen.
Du wirst sehen und erleben,
Wie all ihre Macht, ihr Geld
Und ihr Einfluss ihnen kein
Glück gebracht haben.

Einfach sitzen
Und die Sinnesreize
Abschütteln!

Mein Herr und Meister

Könnte ich seine Stimme hören
Und ihn bitten mir zu antworten.
Schwach bin ich, denn Fragen der Welt
Quälen mich. Ich bin nur ein Laie.

Mein Herr, mein Buddha,
Der Erwachte, der Erleuchtete.
Er, das Höchste über den Höchsten fand.
Er, der tiefer grub als alle Tiefe.
Er, der heller strahlte als alle Sterne.
Er, der mehr liebte als alle Ehepaare.
Er, der mehr verstand als alle ProfessorInnen.
Er, der uns den Weg lehrte.

Könnte ich bei dir sein
An jenen heiligen Tagen.
Könnte ich dir zuhören
In der legendären Zeit.
Könnte ich mich vor dir
In den Staub werfen und
Danke sagen für die Lehre.

Das Gesetz

Buddha sagte,
Alles ist Dharma.

Er sagte, selbst
Sein Nachfolger
Ist der Dharma.

Er erklärte,
Der Dharma ist
Das Haupt der Sangha.

Er lehrte
Das Dharma
Des Karmas.

Er bewies,
Der Dharma
Führt ins Nirvana.

Wähle deinen Weg

Ich wählte Buddha
Statt den Kummer.
Ich wählte Erlösung
Statt das Böse.

Wir alle wählen
Und müssen mit
Den Folgen leben.

Wir alle glauben,
Den Richtigen zu vertrauen.
Manche wachen auf
Mit blauen Augen.
Andere erwachen,
Weil sie Buddha folgten.

Ich wählte
Und Karma zählt.
Du wählst und
Wirst sehen, ob deine Wahl
Dir Glück bringt.

Unser aller Strohhalm

Buddha änderte die Welt.
Niemand redet davon.
Alle reden übers Geld.
Aber die Welt existiert noch.
Glaubst du, wir wären hier,
Hätte der Buddha
Nicht Nirvana kapiert?

Weil er lehrte,
Beruhigten sich
Die Kriegsherde.
Sie sind immer noch da,
Aber so viel ist wahr,
Ohne die Buddhalehre
Gäbe es tausend mehr Heere,
Die über die Erde zögen,
Zerstörten, töteten und
Arme Mädchen vergewaltigten.

Seine Worte sind der Tropfen,
Der verhindert, dass das Fass überläuft.
Seine Lehre webte die Weisheit
In unser Weltgewebe, die dafür sorgt,
Dass wir uns nicht pausenlos ermorden.
Du siehst es nicht? Weil du sehen musst,
Was nicht da ist, nämlich der permanente Krieg
Und darum gibt es echte Hoffnung auf Frieden.

Dharmatore

An den Toren des Dharma ruhen mächtige Wesen und warten auf die Suchenden, um sie zu prüfen. Große Dharmapala, die einst mächtige Kriegsgötter waren und von großen Bodhisattvas auf den Pfad geführt wurden, warten. Heilige Dakinis, überzeugt von der Macht magischer Yoginis, prüfen die Sinnsucher. Wer besteht auf dem Weg, dem werden mächtige Weggefährten zuteil. Wer die Prüfungen besteht, kann auf ihre Unterstützung zählen.

An den Dharmatoren, die zum Nirvana führen, warten schwere Prüfungen. Manche sind Prüfungen des Geistes, manche des Herzens. Bei manchen musst du dich aufopfern für die leidenden Wesen und bei manchen musst du dich gefährlichen Feinden stellen.

Auf dem achtfachen Pfad warten Prüfungen auf dich. Es sind die Dharmatore, hinter denen sich der Zugang zu einer höheren Welt offenbart.

Buddhisten*

Als Buddhist
Wirst du nichts
Und zugleich siehst
Du das Licht und
Dein Leiden verlischt.

Als Buddhist
Wirst du ein
Glückliches Kind
Der Freiheit und
Grenzenloser Weisheit.

Als Buddhist
Freust du dich
Über alle anderen;
Denn sich mit anderen
Mitfreuen zu können,
Ist eine heilige Pflicht.

Als Buddhist
Denkst du nicht
An Gier und Hass,
Alles was zählt,
Ist die befreiende Wahrheit.

Überlebensgroß

Ein Bild des Buddha
Mit seinem chinesischen Schriftzeichen.
Neben ihm der Bodhibaum
Als ewiger Zeitraum.

Überall an den Wänden
Hängen Buddhas Gemälde.
In jeder Ecke stehen
Die Plastiken des Erhabenen.

Selbst meine Haut
Ist mit Buddhas gezeichnet.
Alles in meinem Lebensraum
Erinnert mich ans Nirvana.

Neue Zeit
Mit alten Bildern.
Altes Glück
Fühlt sich frisch an.

Ich sehe die Statuen,
Bilder und Fahnen,
Die mich einhüllen und
Zum Teil der Sangha machen.

Karma gucken

Platt wie eine Folie
Sind die Weltmenschen.
Mittlerweile leben sie nur noch
In ihren Bildschirmen.

Wie angeklebt, angesaugt,
Fest getackert, festgenagelt,
Verschweißt, verlötet,
Hängen sie an den Bildschirmen,
Während die Chance ihres Lebens,
Gutes Karma zu erwerben, zerrinnt.

Wir sind, was wir sind
Wegen des Karmas.
Wir werden, was wir werden
Wegen des Karmas,
Welches wir dieser Tage erwerben.

Welches Karma erwerben jene,
Die Tag ein, Tag aus
Am Bildschirm kleben?

Welten

Buddha sieht alles,
Hört alles und
Fühlt alles.

Aber er nimmt auch
Alles Nicht-Sichtbare,
Nicht-Hörbare und
Nicht-Fühlbare wahr.

Die Welt der Sinne.
Die Welt der Formen.
Die formlose Welt.
Der große Seher zeichnet uns
Die einfachste und größte
Landkarte der Welt.

Reise von einer Welt
In die nächste Welt.
Du musst nur sitzen
Auf deinem Meditationskissen.

Der entscheidende Unterschied

Ein Tag im Leben
Des Erwachten.
Einmal in seinen
Schritten wandeln.
Einmal spüren,
Wie er fühlte.

Was ist der Unterschied
Zwischen dir und
Dem, der du sein wirst
Als Erwachte:r?

Was unterscheidet
Mich vom Buddha?

Diese Frage.
Dieses Gefühl.
Diese Wahrheit.

Ich will das wissen.
Ich will das fühlen.
Ich will das sein.
Ich will erwachen.

Ein einsamer Sitz

Ganz allein saß er.
Nächtelang.
Fror er?

War er noch Mensch
Nach dem Erwachen
Oder war er Gott?

Was er war,
War frei von Leid.

Ist das Sein
Zu Nicht-Sein geworden
Oder jenseits von
Sein oder Nicht-Sein?

Ist erwachen
Oder ist das Erwachen
Ungreifbar für die Welt?

Kann ich es schaffen,
So stark zu sein wie er?

Täglich erwachte Tatzen

Diszipliniert
Meditiert.

Vollumfänglich
Herzlich.

Erwachen
Machen.

Leiden
Vermeiden.

Ängste
Bekämpfen.

Und nie wieder
Emotional frieren.

Triratna

Der Buddha führt
Mich durch Samsara.
Er prägt mein Gemüt
Mit heilen Gedanken.

Der Dharma lehrt.
Ich kann jetzt spüren,
Was ich begehr
Im Unbewussten.

Die Sangha nährt mich.
Einst war ich allein,
Endlich seh ich das Licht
Des erleuchteten Bundes.

Drei Juwelen schützen
Mich und alle, die es leid
Sind, in dieser verrückten
Welt zu leben.

Drei Kostbarkeiten
Formen mein neues Leben.
Sie werden mich befreien
Von allem Zwang und aller Angst.

Mantra Sutra

Kahler Kopf.
Betteltopf.

Orange Roben.
Alles ist verwoben.

Alte Sutras.
Heiliges Futter.

Ein weiser Baum
Im leeren Raum.

Sie meditieren,
Um zu realisieren.

Eine eigene Insel
Entblößt ein weises Gerinnsel.

Geruch des Todes.
Los der Wiedergeburt.

Ein Stück vom Glück

Wer Frieden sucht,
Kommt schließlich
Irgendwann zum Buddha.

Auf der Suche nach Glück
Wird der Buddha-Dharma
Zum Herzstück.

Das Gefühl der Freiheit
Verbindet sich rein
Mit Buddhas Weisheit.

Frieden, Glück und
Freiheit entstehen nicht aus nichts.
Sie sind das Produkt
Eines Ursache und Wirkungsgefüges.

Säe die Ursachen
Und du wirst lachen.
Verpasse Chancen
Und du endest im Zwang.
Sei weise und wähle
Buddhas Wege.

Meine Zeitmaschine

Hätte ich eine Zeitmaschine, wüsste ich sofort, wohin ich flöge. Nämlich würde ich durch die Zeit zum wichtigsten Augenblick fliegen, welcher in unseren Geschichtsbüchern aufgezeichnet ist. Wir alle wissen genau, welcher Moment das wäre. Denn dieses Ereignis überschattet alle anderen und lässt sie wie bloße Nebenschauplätze aussehen.

Ich brauche euch nicht zu sagen, was das Ereignis ist, von dem ich träume, es zu sehen, es mitzuerleben. Jenes Ereignis, welches den Lauf unserer Geschichte mehr beeinflusst hat als alle anderen seit tausenden Jahren. Es ist der hellste Punkt unserer bekannten Geschichte und überstrahlt alles.

Alle wissen selbstverständlich, dass ich Buddhas Nacht der Erleuchtung meine und jede:r von euch fühlt wie ich und will dorthin. Doch was würden wir sehen mit unserem verblendeten Blick, solange unsere Augen von den Geistesgiften beherrscht sind? Einzigartig unter allen Ereignissen seit zweitausend Jahren: Unvergessen und mit der Macht, uns alle zu retten.

Plattform

Aus einem Grund,
Der grundlos ist.

Ein Tor,
Das torlos ist.

Ein Mann,
Der Ichlos ist.

Ein Echo
In leerer Nacht.

Ein Kissen,
Auf dem niemand sitzt.

Der Klang der Glocke
Und der Koch erwacht
Mit dem Stab und
Ward der Sechste genannt.

Zuflucht bedeutet Schutz suchen

Zuflucht nehmen
In vielen Situationen.
Zuflucht nehmen
In allen folgenden Leben.
Zuflucht nehmen
Und heilen.

Buddha ist mein Schild.
Er beschützt mich vor der Welt.
Nur er sieht das ganze Bild
Des Leidenskreislaufs.

Buddha ist mein Dach.
Er hält den Regen ab
Und er hat die Macht,
Mir den Pfad zu grenzenlosem
Glück zu zeigen.

Buddha ist meine Schutzmauer.
Sein Dharmakaya ist unermesslich.
Zudem ist er einfach schlauer
Als die miesen Tricks Samsaras.

Buddha ist mein Panzer,
Weil er mich vor Unheil schützt.
Denn er saß einst tapfer
Unterm heiligen Bodhibaum
Und kämpfte mit aller Kraft.
Dann erwachte er aus dem Traum
Und konnte die höchste Wahrheit schauen.

Akzeptiere die Wahrheit

Verlöschen
Macht Angst.
Verlöschen
Macht Angst,
So lange du nicht
Komplett akzeptierst,
Dass es Wiedergeburt gibt
Und du schon seit
Millionen Jahren lebst.

Wir sind,
Wir waren,
Aber ob wir
Auch sein werden,
Hängt vom Erwachen ab.

Leben folgt auf Leben.
Tod folgt auf Tod und
Wiedergeburt auf Wiedergeburt.

Flammenmeer

All die Gewalt
Ist so sinnlos.
Doch sie macht
Vor niemandem halt.

All der Hass
Ist so veraltet.
Doch er stirbt nicht;
Dafür vergrößert er sich.

All die Kriege
Sind frei von Liebe.
Doch sie zerstören
All das Schöne.

Buddha lehrt
Mit heilem Herz,
Einen Weg zu gehen,
Um Frieden zu säen.

Sein friedlicher Dharma
Beendet das Drama
Der sinnlosen Gewalt
Und des dummen Streitens.

Wasser im Kies

Das Zen rennt,
Während es sitzt.

Das Tor jenseits
Der Dualität
Offenbart den Weg
Zwischen den Gegensätzen.

Ein hölzernes Tor
Erlöst den Tor
Und sät die Samen
Des Erbarmens.

Weisheit,
Die alles durchschneidet.
Ein zweischneidiges Schwert
Bezeugt Manjushris Wert.

Das Zen sitzt,
Während es erlischt.

Was Zen ist,
Frage nicht.
Atme wider die Gedanken.
Sei frei von Gegenständlichkeit
Und begreife, warum der Zenmeister
Mit dem Stock erzieht.

Kunterbunte Sangha

Blau strahlt
Der Medizin-Buddha.
Rot glüht
Amitabhas Sukhavati.
Golden glänzt
Shakyamunis Haut
Unterm Bodhibaum.

Ein Universum
Bunter Buddhas.
Das Mandala als
Regenbogenkarte.

Weiß thront
Vairocana.
Grün umgarnt
Die eine Tara.
Welche Farbe
Wählt Maitreya?

Ein Moment

Der Moment,
Wenn du erkennst,
Dass es Buddhas
Wirklich gibt, ist das
Der wichtigste Moment
Deines ganzen Lebens.

In diesem Moment
Wirst du die Wahrheit erkennen,
Die alle Welt von Leid,
Elend und Sorgen befreien kann.
In diesem Moment
Wirst du erkennen,
Wie außergewöhnlich Siddharthas
Leistung war.

In diesem Moment
Wirst du über Samsara hinausgehen
Und Nirvana verstehen.

Der strenge Lehrerblick

Buddha dein Blick
Erinnert mich
An mich.

Ich schwor
So viel und
Tue so wenig.

Dein Blick
Erinnert mich
An meine Vorsätze.

Ich erkannte und
Verstand und
Wollte danach handeln,
Aber es misslang,
Ich versagte und gab auf.

Dein Blick
Erinnert mich
An meine Absichten.

Dein Blick
Ist der Blick
Des Lehrers.
Mein Blick
Ist der Blick
Des Schülers.

Ich will ein guter Schüler sein
Und lass mich voll
Auf den Dharma ein!

Der lange Weg

Viele Kalpas
Übt der Bodhisattva.
Weltzeitalter
Steter Praxis.

Ohne Pause üben
Für die Wesen.
Kein Leben
Verschwenden.

Ein Schwur,
Der bindet.
Ein Gelübde,
Das trägt.

Eine seltene Spezies
Diese Bodhisattvas.
Erhabene Gesten
Ihrer Buddhas.

Das Herz
Gefüllt mit Wert.
Der Kopf
Ein Dharmatopf.

Bodhisattvas üben
Mit und ohne Vergnügen.
Bodhisattvas helfen
In allen Welten.
Bodhisattvas pflegen
Das Glück aller Wesen.

Luftwurzeln

Du könntest
Auf Glücksgefühlen
Durch dein Leben fliegen.

Aber stattdessen
Hängst du am Handy
Und starrst auf die Glotze.

Dein Leben zieht vorbei
Und mit ihm
Dein gutes Karma.

Als Mensch geboren
In einem freien Land
Bist du ein:e Gesegnete:r.

Aber es zerrinnt;
Es fließt davon,
Ist für immer verloren.

Dharma hat die Macht,
Dich glücklich zu machen,
Aber nicht Handy und TV.

Wahre Liebe

Gier verliert
Das lange Spiel.
Für ihren kurzen Sieg
Wird sie doppelt abkassieren.

Folge wahrer Liebe
Und nicht blindem Triebe.
Sieh hin, bevor
Du dich hingibst.

Kalte Herzen
Verlassener Schmerzen.
Du glaubtest an eine Liebe,
Die nur auf dem Papier geschrieben.

Mitgefühl führt
Dich zu liebender Güte.
Freue dich mit den anderen
Und du wirst gleichmütig lachen
In den harten Tagen.

Die Natur unserer Buddhas

Ein Bus
Und jeder trägt
Die Buddhanatur.

Alle, die du siehst
In Flugzeugen und Zügen,
Tragen den Samen
Des Erwachens.

Selbst in Zoos
Ist jedes Lebewesen
Mit Buddhanatur gesegnet.

Sieh in dein Spiegelbild
Und spüre die Wahrheit
Deiner höchsten Emanation.
Selbst wenn du sie jetzt nicht bist,
Du wirst sie sein!

Lass dich einfach auf den Dharma ein
Und betrete den achtfachen Weg!

An alle Buddhas

Buddha höre mich,
Ich will dir folgen.

Buddhas der zehn Richtungen,
Erhört mich und meinen Schwur
Euch zu folgen.

Buddhas der drei Zeiten,
Ich werde niemals weichen,
Bis ich bewiesen, wie sehr ich
Euch liebe.

Buddhas des Mandalas,
Hört mein Herz schlagen
Und das Blut des Dharma,
Das durch seine Kammern fließt.

Buddhas dieses Kalpas,
Ich schwöre euch zu finden
In jedem Leben, um euch
Zu zuhören mit gefalteten Händen!

Einsam wachen

Lotosblüten
Hüten ein Geheimnis.

Aus dem Schlamm
Auf den achtfachen Pfad.

Der Stängel sprießt empor
Und wird erhöht.

Das Sonnenlicht trifft
Auf die Blütenblätter.

Der Wind bringt
Ein heilig Wort.

Ein ferner Teich
Und das Lächeln des Pratyeka.

Ferner Stern

Ich unterwerfe mich allen Buddhas
Und bitte sie um ihre Führung!

Fern ist mein Lächeln
Dieser Tage.

Kummer und Tränen
Werden zu einem Ozean.

Der Nebel über meinem Geist
Zerstört den Traum.

Kein Schritt, der mich nicht
Die Schmerzen spüren lässt.

Fern ist das Glück.
Gern seh ich zurück
Zu den schönen Tagen,
Als ich ihn im Arm hielt.
Aber hier ist fern der Stern.
Überwuchert ist der Pfad
Zu meinem Wunschkonzert.
Fern ist mein Lächeln.
Gern sähe ich den Stern
Überm Bodhibaum aufgehen.

Teure Juwelen

Drei Juwelen
Umfassen mein
Ganzes Leben.

Drei Juwelen
Sind mein Grund.
Drei Juwelen
Sind mein Dach.

Drei Juwelen formen
Die Wolken meiner Gedanken.
Drei Juwelen prägen
Meine nächtlichen Träume.

Drei Juwelen säen die Samen
Für meine guten Taten.
Drei Juwelen schmieden
Meinen inneren Frieden.

Drei Juwelen sind die
Kostbarsten Edelsteine.
Nur sie können das Leiden
Für immer vertreiben.

Verblendete Gefühle

Tränen trocknen und
Wunden heilen,
Aber die Zeit wird
Neues Leiden gebären,
Bis du eintrittst in
Nirvanas Sphären.

Du arbeitest hart
Und erlangst viel
Geld und Besitz,
Aber er wird zerrinnen,
Weil nichts ewig ist.

Dein Herz gebrochen
Und dennoch lebst du
In der Hoffnung auf
Das Glück der Sinnlichkeit,
Weil du hoffst, es befreit
Dich von Kummer und Leid.

Die grenzenlose Idiotie
In Samsaras Spiel ist,
Dass wir es besser wissen.
Ohne auf unser Gewissen
Zu hören, lassen wir uns verführen
Und leiden erneut an derselben Seuche.

Vajra

Tibet fiel
Und die Menschen flohen,
Aber die Welt lernte das Juwel
Vom Dach der Welt kennen.

Samen säten die Lamas.
Geshes legten die Grundsteine.

Dakinis und Yoginis
Öffneten die Tore
Weiblicher Weisheit.

Vögel mit stählernen Flügeln
Brachten den Dünger.

Das Karma ist gezeugt,
Um die erste, globale Bewegung
Der Buddha-Sangha zu gebären.

Ströme des Wissens.
Ein Ozean der Weisheit.
Das diamantene Fahrzeug.

Dharma

Der Dharma
War wahr und
Wird es noch sein,
Wenn AI Maschinen
Die Erde bevölkern.

Bei allen Innovationen
Hat der Dharma
Nicht seinen Glanz verloren.

Bei all der Technik
Bleibt der Dharma
Überlebenswichtig.

Bei allen Bildschirmen,
Die uns betören, wird
Keine uns zur Befreiung führen.

Bei allen Apps
Wird der Dreck Samsaras
An uns kleben bleiben
Und wir werden leiden,
Bis wir den Dharma wählen
Und uns frei erheben.

Buddhas Trumpfass

Buddhas Heilkraft,
Mit der er die Welt
Glücklich macht.

Des Dharmas Wunder
Strahlt über den Menschen
Und macht sie gesünder.

Der Sangha Einheit
In Zentren und Tempeln
Sichert die Freiheit.

Lerne den Pfad,
Übe Mitgefühl und Weisheit
An jedem einzelnen Tag.

Denn Nirvanas Gaben
Lassen dich wachsen und
Du wirst übers Leid erhaben.

Sei dir selbst eine Insel
Und male dein Leben
Mit einem erleuchteten Pinsel.

Großstädte

Ohne Hoffnung.
Allein.
Einsam in
Dieser Millionenstadt.

Wie die Wellen
Am Ozean hat mich
Der Lauf des Lebens
Eines einsamen Tages
An die Stufen dieses
Buddhistischen Tempels gespült.

Von da an wurde alles anders.
Ich habe mich verwandelt.
Ich fand den Lebenssinn,
Der tiefer als alle Einsamkeit ist
Und ich fand die Liebe,
Wie ich sie vorher nicht gesehen.
Ich lernte das Glück neu kennen.

Ich fand, was ich träumte
Und erkannte, was meine wahre Natur.
Ich sah das Licht im Herzen
Jedes Menschen und endlich wusste ich,
Dass es keine Entfremdung gibt.

Einer

Ein Mann
Mit der Kraft
Weltweiten Frieden
Zu schaffen.

Wir müssen ihm
Nur zuhören und lernen,
Was er uns lehrt,
Dann wird die Erde
Ein besserer Ort werden.

Ein Mann hat bewiesen,
Wovon alle träumen.
Es gibt Frieden im Leben.
Es gibt eine Weisheit,
Um alles Leiden aufzuheben.

Ein Mann
Hatte die Macht,
Sich selbst zu besiegen
Und zu etwas größerem zu werden.

Erscheinung

Lichtgestalt;
Ich greife nach dir.
Fernes Buddhabild
Erscheint im Himmelszelt.

Es ist eine Illusion,
Das weiß ich schon.
Aber selbst das Ich
Ist nur eine Illusion.

In bunten Farben
Glitzert das Bild.
Ich fühle mich gestillt
Und streichel meine Narben.

Später erscheint
In meinem kleinen Herz
Das transzendente Abbild
Vieler alter Meister.

Verneintes ja

Tore
Ins Ungeborene.

Hoffnung
Wird sinnlos.

Meditieren
Ohne sinnieren.

Was geboren,
Wird zerstoben.

Leeres Licht
Verlischt.

Lehrer Shakyamuni Buddha

Klein ist die Chance
Auf echtes Glück
In dieser hektischen, gierigen
Und von Hass getriebenen Welt.
Aber ein guter Lehrer
Kann den Weg ebnen.

Der Wert des Lehrers
Ist der Wert der Wahrheit.
Die Tugend des Lehrers
Ist die Tugend des Verstehens.
Der Traum eines Lehrers
Ist seine Schüler triumphieren zu sehen.

Buddha lehrt uns
Die Wahrheit des Pfades.
Buddha lehrt uns
Die Tugend der Sittlichkeit.
Buddhas Traum ist es, uns alle
Glücklich und frei von Leid zu sehen.

Ehrt die Lehrer
Und haltet ihren Wert hoch.

Des Nachts

Ein Bild an der Wand.
Ein Mönch
Im orangen Gewand.

Ein Stein aus alter Zeit,
Auf dem der Buddha
Einst verweilt.

Ein Same des wahren
Bodhibaums keimt
Nach vielen Jahren.

Ein Kissen
Auf dem Heilige
Spirituell schwitzen.

Und eine Hoffnung,
Dass der Dharma
Alle Tränen trocknet.

Lach und Sach

Buddha
Ist kein Witz.
Er ist der Mann,
Der erleuchtet ist.
Was ist dieses
Erleuchtungs-Ding?
Was macht ihn
So einzigartig?

Kein Leid.
Absolute Freiheit.
Keine Sorgen.
Keine grauen Wolken.
Das Glück strahlt
An jedem Tag.

Ein Buddha ist ein Wesen,
Das Gier, Hass und
Unwissenheit hat aufgegeben.

Er hört meine Klagen
Und sendet mir die
Zeichen des wahren Pfades.

Er kennt das Wesen
Des Todes und des Lebens
Auf allen Wegen Samsaras.

Ein Buddha ist heilig
Und er hat den Durchblick.

Psychosen

Dunkel ist dein Geist.
Depression frisst
Das Lebenslicht.
Neurosen setzen sich
Im inneren Haus fest.

Die Welt ist kalt
Und es fehlt
Dir der Halt.

Wie sehr sehnst du dich
Nach einem besseren Weg?

Es gibt einen Weg
Voll von Übungen,
Der dir Erlösung bringt.

Es sind nur acht Schritte
Zum vollkommenen Glück
Des eigenen Geistes und
Zum Ende allen seelischen Leids.

Das Licht der Hoffnung

Wie ein Stern am Himmelszelt
Strahlt Buddha in der Welt.
Er gibt uns Wesen
Die Chance auf ein besseres Leben.

Wie der Leuchtturm auf den Klippen
Will er uns wachrütteln und
Uns zeigen, wie ein Leben ohne Leiden
Unsere Herzen erweicht.

Wie Scheinwerfer der Autos
Oder die Leinwände der Kinos
Zaubert er Licht in die Dunkelheit,
Das uns vom Kummer befreit.

Wie der Schein einer kleinen Kerze
Rettet er uns vor sinnlosen Schmerzen
Und lehrt uns den Pfad
Zum höchsten Erwachen.

Wie das Display auf dem Handy
Wird meditieren unser Hobby
Und wir üben zu sein
Frei von allem Leid.

Die beste Investitionsstrategie

Das Leben
Wird vergehen.

Dein ganzes Wesen
Wird sich auflösen.

Worin sollst du investieren,
Wenn du das realisierst?

Es ist der Dharma.
Zum Ersten bringt er Karma.

Zum Zweiten heilt
Er alles Leid

Zum Dritten bestückt
Er den Augenblick mit Glück.

Deshalb hast du definitiv
Gut investiert,
Wenn du dein Leben
Dem Dharma verpflichtest.

Nahes Nirvana

Selbst im Himmelreich
Ist der Weg ins Nirvana
Noch weit.

Selbst im Buddhafeld
Erhältst du nicht automatisch
Nirvanas Lebenswelt.

Es ist Weisheit,
Die uns dorthin trägt.
Es sind aber auch Fleiß
Und harte Arbeit
Und Grenzenlose Freigiebigkeit.

Nirvana ist und war
Für alle Arhats wahr,
Die neben Buddha wandelten.

Nirvana wird für dich,
Wenn du dem Buddhalicht
Folgst wie einem GPS Gerät.

Wenn du erwachst

Am Tag deines Erwachens
Wirst du alle wiedersehen,
Die du jemals geliebt hast
Und du wirst die helle
Macht erlangen, ihnen Zeichen
Zu senden, um sie auf den Pfad
Zu führen, an dessen Ende
Alles Leiden endet.

Warum willst du erwachen?

Im Moment des Erwachens
Wirst du die absolute Weisheit
Erlangen, alle glücklich zu machen,
Die dir etwas bedeuten.

Im Moment des Erwachens
Wirst du lachen, weil du endlich siehst,
Was das wahre Wesen ist und
Wie das Leid für immer
Beendet wird!

Spring!

Wage den Dharma.
Reinige dein Karma.

Lebe dein Leben
Auf schöneren Ebenen.

Lass dich führen
Zu Nirvanas Türen.

Buddha lehrte, anstatt einfach zu gehen, nachdem er
das höchste Ziel erreichte. Er tat das für dich und jeden,
der wie du ein Herz voll Kummer und Sorgen mit sich
herumträgt.

Setze die Schritte
Zur befreienden Klippe.

Spring ins Glück
Und sieh nicht zurück.

Es wird wahr,
Wenn du nur wagst!

Kokon

Buddhas Glück
Holte meins zurück.

Ich litt und
Hab mein Lachen vermisst.

Aber der Dharma
Schuf neues Karma.

Ich meditierte,
Wobei ich lächelnd inhalierte.

Dann sah ich
Erneut mein altes Gesicht.

Aber ich war nicht
Mehr mein altes Ich.

Kein Thron

Über den höchsten Höchsten
Könnte ein Thron stehen,
Aber Buddha saß nur unter
Einem einfachen Baum.

Ein Licht
In dunkelster Nacht.
Der Hoffnungsschimmer
In einer Katastrophen geplagten Welt.

Der Stern,
Der aus dem Chaos führt.
Das Rad,
Das ewig rollt.

Ein Kompass
Zeigt in die richtige Richtung.
Diese Landkarte
Führt ins gelobte Land.

Über den höchsten Höchsten
Könnte Buddha thronen,
Aber er entschied, wie ein
Bettler zu leben.

Wir sind Sternenstaub

Ich sehe zu den Sternen
In dunkler Nacht.
Keine Wolke stoppt mich,
Nur die Träne tropft.

Gibt es Hoffnung
Auf baldigen Frieden?
Aber nur die Verstopfung
Lässt sich blicken.

Der Mond scheint hell
Und öffnet mein Herz.
Sein Licht ist die Quelle
Eines himmlischen Sterns.

Das Spiegelbild im See
Vom strahlenden Mondgesicht
Erinnert an den innerem Weg
Zum Buddhalicht.

Die Dunkelheit holt mich zurück,
Aber ich verstecke mich.
Diese Gefühl entrückt
Und führt hoch ins Sternenlicht.

Rund um die Uhr

Ein Bild
An der Wand.

Zwei Holzstatuen
Im Garten.

Ein Rad tätowiert
Auf meinem Oberarm.

Auf dem anderen
Ein goldener Buddha.

Im Herzen
Das Mantra.

Mein Stift schreibt
Über Buddha.

Auf jedem Schritt
Die Füße des Erwachten.

Freie Lehre

In den Worten der Erwachten
Ruht die Kraft,
Weltweit Frieden zu schaffen.
Aber die Erwachten
Lehren ohne Zwang.

Die Erwachten lehren,
Ohne zu befehlen.

Ihre Lehre ist frei
Und deshalb ist sie so klein
Unter den Erdenvölkern.

Gewohnt zu folgen.
Erzogen, um zu dienen
Und nie zu widersprechen,
Leben wir seit Jahrhunderten
Im Elend und ohne Frieden.

Denn Frieden ist
Ein Freiheitskind.

Durchsichtig

Buddha
Ist kein Märchen.
Buddha war da
Und er ist wahr.

Aber selbst wenn
Es nicht so wäre,
So gäbe es die Wege
Zum Erwachen.

Denn weise Geister
Finden den Pfad,
Der mit der Zeit
Besseres schafft.

Buddha
Ist kein Märchen.
Er ist eine Blaupause
Für dich.

Buddha war und
Er ist wahr und
Er will sehen,
Wie du Buddha* wirst.

Jeder Gedanke zählt

Die schwarze Perle
Packte der Alte in die linke Schale.
Die weiße Perle
Packte der Alte in die rechte Schale.

Entstand ein guter Gedanke
Voll von Liebe und Mitgefühl
Und frei von Missgunst und Hass,
Packte er eine weiße Perle
In die rechte Schale.

Entstand ein schlechter Gedanke
Voll von Gier und Neid
Und frei von Mitleid und Gleichmut,
Packte er eine schwarze Perle
In die linke Schale.

So saß er Jahr für Jahr,
Aus denen Jahrzehnte wurden.
Anfangs waren die schwarzen Perlen mehr,
Aber in seinen letzten Lebenstagen
Bewegte er nur noch weiße Perlen.

Zwei Welten

Das Licht verlischt
Und Gier und Hass
Halten die Welt gefangen.

Dunkelheit kriecht
Und die Armen siechen.
Weisheit ist rar.

Gewalt macht
Sich breit und
Raubt den Glauben.

Gier raubt die Liebe,
Macht Frauen zu Prostituierten
Und Kinder zu Arbeitssklaven.

Eine verblendete Welt
Ist vielleicht reich an Geld,
Aber arm an Güte und Glück.

Eine Welt ohne Dharma
Ist ein großes Drama,
Denn sie ist verloren.

Antworten

Den Pfad
Bis zum Ende gehen,
Wo Anfang und Ende
Verwischen und der der ging
Aufhört, inhärent zu sein.

Ungeboren.
Ungeschaffen.

Was war der Buddha,
Wenn er Nirwana war,
Aber Nirwana ungeboren
Und unerschaffen ist?

Was ist die Antwort auf die einzige Frage,
Die dich wirklich interessiert,
Nämlich wie du alle Probleme loswirst?

Buddha lehrte
Und wurde der Hochverehrte.
Du kannst lauschen
Und aus der Irre auftauchen.
Denn frage dich, was wirst du sein
Am Ende allen Leidens?

Fesselnde Ketten

Zehn Fesseln,
Die uns an das Rad
Der Wiedergeburt ketten.

Eine Gier,
Die tief in uns drin
Das Leid ergreift.

Dünkel und Neid
Zerstören dein Heim
Und säen die Samen
Neuer Leben.

Dreh dich vom
Tod zum Leben und
Vom Leben zum Tod.

Alles gleich,
Nur ein neues Spiegelbild.
Altes Leid
Im neuen Kleid.

Durchtrenne die Ketten,
Die dich fesseln.
Atme frei und lebe.

Reminiszenz

Ging er für immer
Oder bleibt er für immer?

Ist Nirwana Ewigkeit
Oder vollkommene Vergänglichkeit?

Der Buddha sprach
Und hat unmissverständlich gesagt,
Glaubt nicht, dass ewig sein
Oder vollkommene Vergänglichkeit.
So lehrte er und lächelte.

Wie sind hier
Und wir sind vergängliche Wesen,
Aber nicht gibt es Ewigkeit,
So gibt es auch nichts,
Was ewig vergangen ist.

Der Strom des Karmas
Und die Wahrheit Nirvanas.

Das Leben der Mönche
Und die meditierende Nonne.

Zeitlos

Buddha ist aus einem fernen Land
Und dennoch hat mich seine Lehre
Eingefangen.

Buddha kommt aus einer anderen Welt
Und dennoch ist er mein größter Held.

Buddha lebte vor langer Zeit,
Aber kann mich trotzdem befreien.

Wenn wir unsere Herzen öffnen
Für die Wunder des Dharma,
Dann verlieren Raum und Zeit
Ihre Bedeutung. Die Wahrheit des Buddha
Überwindet alle Grenzen aus Zeit und
Raum und kommt zu uns
Ins hier und jetzt.

Einfach entspannen

Ich wählte Buddha
Und alles wurde besser.

Ich lernte den Dharma
Und reinigte mein Karma.

Ich ging zur Sangha
Und wurde entspannter.

Ich fand im Buddhismus
Neue Hoffnung.

Heute bin ich glücklich,
Wie ich früher unglücklich war.

Heute lebe ich frei
Von Gier und Neid.

Ich danke der Lehre,
Sie zeigte mir
Die heilsamen Wege.

Er sei

Buddha
Sei mein Boot
Zum anderen Ufer.

Buddha
Sei mein Licht
In dunkler Nacht.

Buddha
Sei mein Strohhalm
In der Hoffnungslosigkeit.

Buddha
Sei mein schützend Dach
Im Hagelsturm.

Buddha
Sei meine Feuerwehr,
Wenn mein Haus brennt.

Buddha
Sei mein Schatz
Am Valentinstag.

Mein Wegweiser

Ich lernte an Buddha zu glauben,
Nachdem ich gelernt hatte,
An allen zu zweifeln.
Ich fand Weisheit und Mitgefühl
Und deren wärmende Synthese.
Und ich lernte wieder an
Mich zu glauben.

Kummer, Rückschläge,
Armut und Einsamkeit
Raubten mir den Glauben
An alles.

Mein Leben war Dunkelheit.
Ich sah nirgendwo
Mehr ein Licht und zog
Bei jedem Schritt die falschen
Dinge und Menschen an.

Buddha reinigte meinen Kopf.
Er gab mir eine neue Ausrichtung.
Ich folgte Schritt für Schritt,
Tag für Tag, Monat für Monat,
Selbst Jahr für Jahr und dann,
Ja dann geschah es wirklich
Und mein Leben verwandelte sich
Und heute ist es, als ob ich in
Einem schönen Traum lebendig bin.

Drei feine Juwelen

Drei Juwelen
Um das ganze Leben
Zu verschönern.

Drei Juwelen
Um der Welt
Hoffnung zu geben.

Drei Juwelen
Um die wahre Natur
Aller Seelen zu lehren.

Drei Juwelen
Um der Welt Mitgefühl
Zu bescheren.

Drei Juwelen
In quietschfidelen, kleinen
Kinderaugen.

Der wahre Pfad zum Glück

All das Chaos
Und die Hektik:
Wenn Menschen wahllos
In Fabriken geschickt
Und bis zum Umfallen
Für den Profit einiger Weniger
Ausgebeutet werden.

Gier korrumpiert nicht nur die Welt,
Sondern auch das unsichere Herz,
Das glaubt, Geld hätte die Macht,
Den ganzen Schmerz zu beenden.

Ich kenne nicht eine Geschichte
Eines Superreichen, der nicht mehr leidet.
Aber ich kenne die Geschichte Buddhas
Und halte sie für wahr.

Er widerstand dem Sog aus
Macht und Korruption.
Er gab auf das Geld seines Vaters
Und das politische Theater.
Er lebte arm und besaß nicht mehr,
Als was er am Leib trug.
Aber er fand einen Pfad
Und vollendete ihn bis zur Leidlosigkeit.

Gefahr!

Wie ein einsames Nashorn wandle
Durch die Welt, wenn du keine
Chance auf ehrbare Freunde hast.

Wie ein Virus kriecht
Die Tugendlosigkeit
Von Leib zu Leib.

Keine Maske, Desinfektion
Oder Einweghandschuhe
Können dich schützen.

Dein Charakter ist dein Fahrzeug.
Wenn es leckschlägt, wirst du sinken
Und in den Höllenwelten wieder erwachen.

Wähle nicht nur bessere als deine Freunde,
Aber ziehe die Einsamkeit vor,
Wenn du keine Tugendhaften findest.

Knochengerippe

Wandelnde Knochen
Mit Haut und Haaren.
Ewiges Hoffen
Auf dem Wahrheitspfad.

Einunddreißig Bewusstseinsebenen
Umfassen Samsaras Wege.
Wir Menschen sind auf der Fünften
Wegen unseren Einkünften.

Der Großteil der Welt
Liegt über dem Erdreich.
Wähle den Weg des Geldes
Und du kommst nicht weit.

Welten gelten und
Das Glück blüht in den Höchsten.
Mit wilden Beckenstößen
Erlangst du ein Zelt.

Lass los und
Fliege hoch und höher
Bis zum Gipfel des Daseins
Und dann direkt ins Nirwana.

Nibbana

Nirvana macht
Dem Weltling Angst,
Weil all sein Hangen
Wird aufgelöst.

Aber der Weltling
Sucht das größte Glück
Und wundert sich,
Wenn es nicht erreicht wird.

Lass los vom Wahn,
Der sich an Vergänglichem labt
Und öffne dein Herz
Für den Wert Nirvanas.

Nirvana ist ungeboren
Und unerschaffen.
Weil es ungeboren und
Unerschaffen, kann es uns retten.

Das größte und höchste
Glück, sagen die Buddhas
In jeder Ära, ist das
Befreiende Nibbana.

Durst

Vergeh und leb.
Steh und stirb.
Kalt ist das Weltgesetz.

Du willst und
Verlierst alles.
Hart ist die nackte Realität.

Falsche Versprechen
Ketten an die Welt.
Wahr ist der Dharma.

Erkenne die wilden
Bäche der Sinnenlust.
Still sitzen, heilt vom Wahn.

Gefangen im Wahn
Wirst du hinabfahren.
Befreiend ist das Buddha Wort.

Samyojana

Alles vergeht,
Aber du klebst
Dein Ego an die
Vergänglichen Dinge
Und dann wunderst du dich,
Wenn es wehtut.

Schmerz ist der Preis
Für das Anhaften an
Vergänglichen Dingen.
Erst auf dem ersten Gleis
Als Sotapanna fährst du
Auf einer sicheren Reise.

Zehn Fesseln knechten
Und sie fesseln uns an Dinge,
Die uns nicht retten können.

Zehn Fesseln zerschneide
Und befreie Geist und Leib
Vom Wahn der Ichheit.

Leibkleid

Du haftest
An deinem Leib,
Der verdammt ist
Zu leiden.

Öffnet ein Arzt
Einen Körper,
Weil ein Mörder
Ihn fällte.

Du siehst die Gedärme
Und spürst die Särge.
Ekel entsteht über die
Körperliche Grenze.

Der Körper stinkt,
Wenn du innen riechst.
Du begehrst das Weib,
Aber kotzt über ihrer Scheiße.

Oben schön rein
Unten stinkend raus.
Das ist der Leib,
Dessen Vergänglichkeit
Als einziges sicher ist.

Einfache Regeln

Es ist leicht,
Eine Meinung zu haben.
Es ist schwer,
Befreiung von allen Sichtweisen
Zu erlangen.

Solange wir nach
Vielheit streben,
Werden wir leben
In den Reichen Samsaras.

Was ergreift, reist.
Gesammelt schütteln
Wir das Leiden ab.

Wer wünscht, ertrinkt.
Wunschlos finden wir
Den höchsten Sieg.

Es ist leicht,
Reich zu werden.
Es ist schwer,
Wie Siddhattha allen
Reichtum aufzugeben.

Samsaras Wahn

Müde
Im Gewühle
Samsarischer Ströme.

Ängste
In den Wänden
Von Samsaras Grenzen.

Zweifel
Über den Eifer
Nach weltlichen Reichen.

Wut
Über den Mut
Anderen weh zu tun.

Hass
Raubt die Kraft
Auf dem Erleuchtungspfad.

Und das Leben
In Samsarischen Wehen
Wird schmerzhaft zu Ende gehen.

Fassungslos

Selbstvergessen und
Vollkommen selbstbewusst.

Der Schatz des Dharma
Ruht in der Leere Anattas.

Das wahren Wesen
Der Welt ist vergehen.

Der Menschen Grund
Ist ein leerer Schlund.

Es heilt,
Obwohl es nicht scheint.

Es befreit,
Auch wenn nichts davon bleibt.

Das leere Ich
Sieht als einziges

Das wahre Gesicht der Buddhas
Im Licht ihrer heilenden Lehren.

Bojjhanga

Sieben Faktoren
Kommen dem Hörer
Zu Ohren.

Achtsamkeit
Lenkt die Aufmerksamkeit
Auf die heilige Liebe.

Den Dharma
Zu ergründen, führt
Zu tiefen Stunden.

Mit voller Kraft
Innere Harmonie erschaffen
Und dann lachen.

In der Freude
Leben die Leute
In glücklichen Landen.

Entspannen
Und ruhig die Füße
Baumeln lassen.

Sammel deinen Geist
Und weise das Leid
Aus deinem inneren Heim.

Gleichmut
Ist die höchste Tugend
In der Buddha Truhe.

Einschnitte

Zerbrochen und
Tief gefallen.
Verzweifelt und
In Stücke gehauen.

Nach dem Schock
Sind immer noch
Die Scherben aufzukehren
Und die Wunden zu versorgen.

Ich sitze auf dem Kissen
Und lerne meine Atemzüge
Zu zählen.

Ich spende im Namen
Der Buddhas und versuche
Innerlich zu heilen.

Aus dem Schreck
In den Dreck, aber mein Wunsch,
Sinn und Heilung zu finden,
Treibt mich an, es erneut
Zu probieren.

Wunschlos

Wunschlos
Sind die Erhabenen.
Wunschlos
Erhaben über den Druck
Und die Sehnsucht nach
Schönen Dingen und nicht mehr
Gezwungen in ständiger Angst zu leben.

Wunschlos
Ist der Pfad des Erwachens.
Was bleibt im Leib,
Wenn alle Wünsche enden:
Grenzenloses Glück!

Ruhe,
Die nicht wieder
Zur Unruhe wird.

Sammlung,
Die fest steht und sich
Weder in Raum noch Zeit bewegt.

Geh Heim!

Der Pfad
Ist wahr.

Sein Preis
Ist kein Leid.

Auf ihm
Wirst du blühen.

Du selbst
Wirst der Held.

Sei deine Insel
Im Weltgewimmel.

Du erwachst
Auf dem Achtfachen.

Eine Insel

Wir warten darauf,
Dass uns jemand erlöst.

Millionen wählen Religionen,
Weil sie einen Heiland wollen.

Nach zweitausend Jahren
Können wir sagen,
Niemand wird kommen,
Um uns zu retten.

Doch es gab den Erwachten
Und seine Taten, die andere erwachen
Ließen und zu Weisen machten.

Nicht kommt er,
Um dich zu retten.
Nicht reicht er dir die Hand
Wie der Vater dem Kind.
Aber er lehrt den Wert
Deiner eigenen Kraft,
Mit der du dich selbst befreien kannst.

Geheimnisse

Kein Weg zu weit.
Kein Berg zu hoch.
Kein Ozean zu tief.
Wo immer die Geheimnisse
Des Dharma sind,
Wir müssen sie finden.

In den Herzen.
In den Köpfen.
In den Träumen.
Verbergen sich Schatztruhen
Geheimen Wissens der Erwachten.

Was Mensch ist.
Was Tier ist.
Was Gott ist.
Das Geheimnis des wahren Wesens
Aller Wesen offenbart sich in der
Erkenntnis Shunyatas.

Der Pfad Buddhas.
Der Weg Siddharthas.
Der Gang Shakyamunis.
Die Ersten bildeten nur seine Füße ab,
Denn zu unergründlich war das Geheimnis
Seiner vollerwachten Existenz.

Acht Schritte zum Glück

Hass macht
Menschen schwach.

In der Gier verlieren
Wir das heile Gefühl.

Ignoranz tanzt
Im Leidgewand.

Ewig dreht sich
Samsaras Sicht.

Außer du wendest
Dich zum Ende.

Des Leidens Ausgang
Ist Buddhas achtiger Pfad.

Sein Opfer

Der Schmerz
Harter Askese
Zeigte Siddhartha den Wert
Wahrer Befreiung.

Er übte hart
Und er zügelte
Seine Emotionen
Für den Lohn des Loslassens.

Folgen wir ihm!
Werden wir das Buddha Team.
Setzen wir uns hin
Und erleuchten.

Weil er nicht aufgab,
Kennen wir den Pfad.
Weil er lehrte,
Können wir erben.

Buddha erwachte
Und die Welt lachte.
Endlich gab es den Pfad
Heraus aus allem Hass.

Täglich mehr

Ich liebe Buddha
Mit jedem Tag mehr.

Sein Dharma ist ein Meer
Aus heilenden Wundern.

Mein alter Kummer
Ist nicht zurückgekehrt.

Jetzt erlebe ich den Wert
Von Buddhas Worten.

Sie sind von heiliger Sorte
Und säen den Frieden.

Ich will mein Karma schmieden
Und Nirvana sehen,
Denn Buddha erhörte mein Flehen.

Ausverkauf

Hohl ist der Sog
Der Konsumwelt.

Einsamkeit, Depression
Und Neurosen sind
Ihr verdienter Lohn.

Ihr wahrer Wert
Ist ein sinnloses Geflecht
Aus Hochmut und dem
Gefühl adrett zu sein.

Tiefe ist nie
In stumpfem Konsum
Gefunden worden,
Egal wie stark du ranzoomst.

Im Dharma steckt Tiefe
Und echte, wärmende Liebe.
Der Dharma schenkt dir Sinn
Und alles was er nimmt,
Gibt er doppelt zurück.
Der Dharma ist nett und adrett
Und besitzt heilsamen Wert.
Der Dharma stoppt stumpfen Konsum
Und führt zum höchsten Menschentum.

Kauf lieber Dharma
Und reinige dein Karma!

Undual

Kein Sinn
In der Welt,
Egal wie tief
Du gräbst.

Höchsten Sinn
Findest du
In jedem Dharma
Und mit ihm beginnt
Ein erwachtes Leben.

Sinn und Unsinn.
Dharma und Welt.
Heilheit und Leid.
Erwacht und verblendet.

Zwei Gegensätze,
Die nur den Verblendeten
Als Gegensätze erscheinen,
Während die Erwachten
Die Wahrheit einsehen.

Fluss des Karmas

Wahre Pfade
Und harte Ursachen.

Karma kam
Und alle fanden,
Was sie säten und verdienten.

Wahre Quellen,
Die in den Himmel schnellen.

Karma siegt
In Frieden und Krieg.
Was man tut, kehrt zurück.

Wahre Samen,
Die in den Himmel ragen.

Karma führt
Zu dir zurück
In ein fernes Spiegelbild.

Blinde Welt

Der Weg deines
Wahren Wesens ist
Nicht derselbe Weg,
Den du derzeit gehst.

Blind siehst du nicht,
Was vor dir liegt und
So rennst du ungebremst
In dein eigenes Unglück.

Weise sehen,
Was die Wege des Lebens sind,
Die zum Glück führen und
Es sind nicht die Wege,
Die sie in den Medien predigen.

Wähle zwischen der Welt,
In der alle meckern und heulen
Oder wähle den Weg der Erwachten
Und Weisheit wird dir den Weg leuchten.

Lass los!

Wage loszulassen
Und befreie dich
Von der Last.

Ewig wird der Hass
Dich quälen, solange du
Nicht lernst loszulassen.

Geh und dreh
Dich nicht um auf
Dem achtfachen Weg.

Anvisiere dein Erwachen.
Lerne alle anderen Sachen
Loszulassen.

Bezahle deine Freunde
Mit der Freude
Des Nirvanas.

Denn am Ende
Des Loslassens
Warten glückliche Straßen.

Dharmakaya

Morgens. Mittags. Abends.
Buddha ist mein Wunder,
Seitdem ich verstand, was
Buddhaschaft bedeutet.

Über alles Dasein erhaben
Und mit den Worten aus wahren
Erkenntnissen und zarten
Vierfachen Liebesschwüren.

Ich will ihn berühren,
Aber du sagst,
Er liegt schon lange im Grab.
Ich sage, du missverstehst!
Wir alle können Buddha
Sehen und erleben.

Denn der wahre Körper Buddhas
Ist sein größtes Wunder:
Denn es ist der Dharma.
Einzig und allein der Dharma
Ist, war und bleibt Buddhas Körper
Weit und breit.

Die Wucht der Zuflucht

Das wichtigste im Leben
Ist, zu den drei Juwelen
Zuflucht zu nehmen.

Buddha, Dharma und Sangha
Sind das reinste
Und glücklichste Wunder.
Denn die drei Juwelen
Wollen heilen
Und nicht quälen.
Ihr Sinn und Zweck
Ist der Schutz
Vor Samsaras Dreck.
Falte die Hände
Und wähle deine
Spirituelle Wende.
Indem du Zuflucht
Nimmst, wächst in dir
Die heilenden Zucht.

Karmaschützen

Wir erwachen
In drei Nachtwachen,
Nachdem wir drei Kalpas
Als Bodhisattvas dienen.

Der Pfad der Erwachten
Führt sie zu den Schwachen,
Um ihnen die Hand zu reichen,
Damit sie nicht mehr leiden.

Bodhisattvas wählten
Das helfende Leben.
Ihre Wahl ist das Dienen
Für alle Lebewesen.

Der Bodhisattvaschwur
Führt zur inneren Ruhe,
Es ist der wahre Pfad
Des heiligen Siddhartha.

Denn Buddha startete
Als Bodhisattva Star
Und er drillte sein Karma,
Bis er erwachte.

Sonne, Mond und Sterne

Mit Buddha
Wähle ich das Wunder
Und glaube an mich
Und den Buddha, der
In meinem Herzen lebt.

Buddha ist das Wunder.
Er ist eine Offenbarung.
Er ist ein Symbol.
Er ist das Licht
Eines Leuchtturms am anderen Ufer.

Buddha ist der Nordstern,
Dem ich auf dem Ozean des Leidens
Entgegen segel.
Buddha ist der Mond
auf der windstillen Oberfläche
Des nächtlichen Sees.
Buddha ist die Sonne und
Ich das grüne Blatt einer Pflanze,
Das sich von ihr nährt.

Kinder fragen

Als Kind
War ich neugierig
Und fragte warum.
Irgendwann gab ich es auf,
Denn kein Mensch gab
Mir eine gute Antwort.
Dann traf ich Buddha.

Hass, Gier und Unwissenheit
Sind aller Welten Grund,
Das erklärte er mir und
Wie ein kleines Kind habe ich
Die Welt erneut untersucht.

Am Ende fand ich heraus:
Er hat Recht!
Gier, Hass und Unwissenheit
Sind die Quellen aller Dinge,
Mit denen wir täglich umgehen.
Sie sind auch der Grund
Aller kranken und gesunden
Menschlichen Taten und Gedanken.

So warf ich mich in den Staub
Und schenkte Buddha
All mein Vertrauen. Denn er zeigte mir
Die Wahrheit der Welt und lehrte auch
Den Ausweg aus dem Leiden.

Wenn er die Welt versteht,
Dann glaube ich, kennt er auch
Den Weg zu einem leidfreien Leben.

Wahrheit befreit

Ein Gedicht,
Das durch die Dunkelheit dringt
Und Hoffnung bringt.

Ein Mann,
Der es wagte
Zu erwachen.

Seine Lehre
Weist die Wege
Zu heiliger Ehre.

Sein Wort
Ist der Ort
Ohne Sorgen.

Meditiere mit ihm
Und lerne zu fühlen,
Wie du wirklich bist.

Sei dir eine Insel
Im Gewimmel
Der hektischen Welt.

Denn der Heiland
Führt dich ins Land
Grenzenloser Freiheit.

Todesfahrt

Karmischer Strom
Gebiert Schönheit.
Schönheit erzeugt
Grenzenlose Bewunderung.
Bewunderung gefällt
Und die Schöne gibt sich
Willig hin und erzeugt Karma,
Das zur Hässlichkeit führt.

Wir kreisen,
Besonders wir,
Die wir privilegiert sind.

!Achterbahn!

Jede Todesfahrt ist
Ein Glücksspiel für die Blinden.
Jede Todesfahrt folgt
Karmischer Logik, wissen
Die Weisen und Erwachten.

Das Einzige

Du weißt nicht,
Was Anutarra Samyak Sambodhi ist?
Du begreifst nicht,
Dass Anutarra Samyak Sambodhi
Das höchste Ziel ist, das du
Im Leben erreichen kannst?

Dann sende ich dir
Mein tiefstes Mitgefühl,
Denn weder hast du diese Welt
Verstanden, noch befindest du dich
Auf einem Pfad zum Glück.

Leid ist der Preis
Der Unwissenheit.
Sorgen werden dich ermorden,
Weil du nicht weißt.
Probleme fressen dich auf,
Bis du die Wahrheit akzeptierst.

Verstehende Liebe

Liebe ist verstehen:
Geben, einsehen und
Füreinander einstehen.

Liebe ist Buddhas Weg
Hin zu einer besseren Welt
Reiner Güte und echten Mitgefühls.

Liebe ist das Buddha Wort,
Denn überall dort wo
Liebe lebt, lebt Frieden.

Liebe ist ein Gefühl,
Das über Worte hinausgeht
Und das Verbindende spürt.

Liebe lenkt den Blick
Auf dein eigenes Herz zurück.
Sie lehrt dich, dich selbst zu sehen.

Dein Tod!

Warum wir Zuflucht nehmen?
Weil es tödlich ist das Leben.
Wir brauchen einen Schutzschirm
Und etwas, das uns trägt,
Wenn das Leben hinter uns liegt.

Der Tod kommt und vergeht.
Alles löst sich auf. Nur im tiefsten Dharma
Ruht eine Gabe, bis ins Land des Todes
Durchzudringen; denn mit der Buddhas
Segen können wir diesen Weg gehen.
Sie transzendieren Tod und Leben.

Der Tod kommt unausweichlich
Und weicht dein Herz auf oder
Zerschmettert es, weil du nicht
Auf die harte Realität vorbereitet bist.

Der Tod kommt. Meiner und deiner!
Wir beide werden sterben und
Jemand wird unser Karma erben.
Unser Tod kommt unausweichlich
Täglich einen Tag näher.

Die Ernte

Erst deine kleine reine Glückseligkeit
Ist der Preis des Stromeintritts.

Es gibt Pfade und
Es gibt die Früchte der Pfade.

Es ist hart,
Das ist leider wahr.
Der achtfache Pfad
Ist voll Entbehrungen.
Aber der Lohn
Übersteigt alle Fron und
Du wirst dich am Ziel,
Von allem Leid für immer erholen.

Schnell und es wird schneller hell.
Langsam und achtsam
Auf dem Pfad gegangen.

Wisse um des Buddhas Gewissen,
Dass er dich nicht belügen würde.
Er hat gesagt: Nirwana ist das höchste Glück!

Innerer Ruf

Treibe mit dem Strom
In der Art der Weltlichen.
Alles ist wunderschön
Und da ist kein Grund
Zu bereuen.

Und doch stirbt ein Kind
Am Ende der Welt und wir
Kinder der ersten Welt
Hätten die Macht, es zu retten.

Ein wundervolles Leben
Ohne Sorgen mit allem,
Was mein Herz begehrt
Und doch gibt es jene,
Denen es schlecht geht.

Ein Bodhisattva vergisst nie,
Wie viele auf Rettung warten.

Zufluchtsspiel

Zuflucht nehmen ist kein Spiel,
Es ist der Weg zum höchsten Frieden.

Frieden fehlt in dieser Welt,
Kein Geld kann verhindern,
Dass sie in Krieg zerfällt.

Aber der Dharma des Buddha
Ist das weise Wunder,
Das uns zum Frieden führt
Und uns nie enttäuschen wird.

Zuflucht nehmen ist ein Spiel,
Wenn du es ernst genug nimmst
Und dich nicht von Mara und
Seinen Töchtern ablenken lässt.

Zuflucht nehmen ist der Weg,
Der zum Frieden führt.
Zuflucht ist das Geschenk Buddhas.

Danken wir ihm bis zum
Letzten Augenblick!

Acht Schätze

Heilig ist der Wandel
Des achtfachen Pfades
Und tief führt die Schande
In den Strudel Samsaras.

Wer fleißig übt,
Wird bald erwachen.
Wer müßig lebt,
Wird Schaden anrichten.

Karma wirkt immerzu:
Sei stets auf der Hut
Und tue wahrhaft Gutes
Mit Wort, Tat und Denken.

Es gibt Befreiung
Von allen Ängsten
Und du wirst heilen,
Wenn du aufhörst zu kämpfen.

Acht Schritte zum Glück
Führen dich zum Ziel.
Lege sie zurück
Und erwache friedlich.

Der Schatz der Weisheit

Karma wird ein Drama,
Wenn du nichts gutes tut.
Kümmer dich um dich
Und den Rest der Welt
Mit Güte und Mitgefühl.

Weisheit ist der Weg,
Der das beste Karma bringt.
Solange Weisheit lebt,
Wird alles gut gehen
Und wir werden in Glück
Und Frieden leben.

Aber wenn wir keine
Tiefe Weisheit kultivieren,
Werden wir alles ruinieren,
Was wir heute wertschätzen
Und wir können ohne Weisheit
Niemanden vorm Leiden retten.
Also übe und lerne
Und erwerbe tiefe Weisheit.

Vergängliche Schönheit

Alles geben,
Um zu verwehen.

Augenlicht
Und Sprechgesicht.

Selbst den Trieb
Vermiss ich nicht.

Es gibt kein höheres Glück
Als das Buddhalicht.

Alles verweht und
Nie wieder Leiden entsteht.

Nur mein Lächeln
Kannst du noch betten.

Wunschlos glücklich

Am Ziel,
Wo Träume enden
Und Wunschlosigkeit lebt.

Ohne Träume;
Was ist das Leben,
Fragt der Weltling.
Paradiesische Realität,
Antworten die Jünger des Erwachten.
Wunschlosigkeit,
Klingt kalt, sagt
Der Weltling Nase rümpfend.
Es ist, wenn alles vollkommen
Und wunderbar ist und nichts
Mehr fehlt, weiß der edle Jünger.

Am Ziel,
Wo Träume
Wunschlos enden.

Karmapfade

Das Ende naht
Mit jedem Tag.
Bedenke dein Karma
Und handle wie ein Lama.

Alles vergeht,
Hat der Buddha gelehrt.
Auch der Tod ist endlich
Und führt zur Wiedergeburt.

Glaube nicht, dass es
Dasselbe ist, noch verschieden.
Ob du im warmen Vogelnest
Oder menschlichen Bauch wieder
Erscheinst, legt dein Karma fest.

Übe weise auf die Weise,
Wie die Weisen dich anweisen.
Lerne nur Gutes zu ergreifen
Oder lass das Greifen ganz sein.

Göttlicher Fall

Fließe mit dem Strom
Von Leben zu Leben.
Die Welle steigt bis
Ins Götterreich.
Es folgt der Welle Tal
Und du erlebst Qual.

Leben für Leben
Vergehen.
Tod um Tod
Wird angezählt.

Endlos scheint der Kreis,
Außer du folgst den Weisen,
Die aus dem Kreis hinausweisen.

Nirwana ist das Glück,
Das du nicht mehr bewegt wirst.
Nirwana ist das Ziel
Und der beste Deal.
Verkauf dich nicht unter Wert,
Selbst wenn du die Götter verehrst,
Vergiss niemals auch Götter leiden
Und akzeptiere, dass Buddha bewies,
Wie ein Leben ohne Leid geht.

Einspitzig

Dharmarad
Und Rat des Karma.

Samsaras Qual
Und Buddhas Pfad.

Nirwanas Leere
Und die heilige Lehre.

Meditieren und
Sich einspitzig konzentrieren.

In der Sammlung
Erfolgt Wandlung.

Der Tugendpfad
Macht Erwachen wahr.

Dein Erbe

Im Gesicht des Todes spricht
Das Wort des Karma.

Pfade im und Pfade
Nach dem Leben.

Ende ist in Sicht und
Jedes Ende ist endlich.

Wir sind Erben
Eines Täters, der haftete.

Dreht es sich oder
Geht es geradeaus?

Verstehe, dass alle Taten
Samen säen.

Du wirst ins Gesicht
All deiner Handlungen sehen.

Unausweichlich

Wie ein Stundenglas
Tropft die Zeit.
Unaufhaltsam ist das Gesetz
In Samsaras Reich.

Dein Leib wird altern
Und du kannst weder Tod
Noch Krankheit entfliehen.
In den Weiten des Lebens
Sind sie allmächtig.

Ungeboren und wunschlos,
Aber vor allem leidlos
Ist Nirwanas Wahrheit.

Ein Tor zur Befreiung und
Ein Weg der Erlösung.

Wähle deinen Pfad
Und übe Tag für Tag.
Der Ausweg ist nah
Aus dem Leidensrad.

Digitale Erlösung

Erlösung,
Welch ein antiquiertes Wort
In einer digitalen Welt.

Depression,
Welch ein alltägliches Wort
In dieser digitalen Welt.

Die Menschen leiden
An ihren inneren Sichtweisen
Und finden keine Wege hinaus
Aus dem inneren Chaos.

Neurosen
Sind allgegenwärtig
In unserer digitalen Welt.

Die Menschen kämpfen
Mit ihren Zwängen und
finden keine Möglichkeiten,
Sich vom zwanghaften Denken
Zu befreien.

Erlösung in deiner digitalen Welt!

Friedensliebe

Frieden und Liebe
Sind die Wege
Aller Buddhisten.

Wir wählen den Pfad,
Der aus acht Teilen gemacht,
Aber der kein dogmatisches Diktat
Ist, sondern auf Freiheit beruht.

Frieden und Liebe
Sind das Getriebe
Einer heilen Welt.

Wir wählen etwas,
Das alles besser macht
Und das ist der
Achtfache Pfad.

Frieden und Liebe
Sind mein Antrieb
Im spirituellen Leben.

Siegertreppchen

Das nächste Level!
Vom Stromeingetretenen
Zum Einmal-Wiederkehrer.
Vom Bodhisattva der ersten Stufe
Zur zweiten Stufe.

Es gibt immer
Ein nächstes Level?
Nein!

Buddha ist über dem Maximum.
Buddha ist über dem Höchsten.
Buddha ist da,
Wo es keine Level mehr gibt.

Mehr als jede Krone.
Mehr als jeder Pokal.
Mehr als jeder Triumph.

Buddha atmet ein
Und Buddha atmet aus.
Der so gegangene ist
Erhaben über alle Welt(en).

Meine Bürde

Buddha nimmt
Meinen Kummer
Und transzendiert ihn.

Er borgt sich
Meine Sorgen
Und verwandelt sie.

Aus den Härten
Meines Lebens
Macht er Dünger für
Die spirituellen Gärten.

Er ist der Arzt
Mit der Heilkraft,
Meinem unruhigen Geist
Frieden zu geben.

Er trägt mein Leid
Ins Buddhareich
Und verwandelt es in
Heilige Weisheit.

Meine Zuflucht

Jeden Tag nehme ich Zuflucht.
Nicht einmal. Nicht zweimal.
Mindestens ein Dutzend Mal,
Aber immer spüre ich, es ist nicht genug.

Hart und rau ist die Welt.
Ich lebe in einer Großstadt.
Anonymität ist ihr Gesetz.
Niemand kümmert sich um dich,
Wenn du dich nicht selbst
Auf die Reihe kriegst.

Meine Zuflucht ist mein Schutzschild,
Das mich vor der kalten Welt schützt.
Sie ist wie ein Regenschirm
Und hält die Tropfen des Hasses ab.
Sie ist meine kugelsichere Weste
Und stoppt die Ängste.

Jeden Tag nehme ich Zuflucht
Und zwar nicht aus mangelndem Mut,
Sondern weil sie mächtig ist
Und mich wirklich schützt.

Mein Weg

Meine Träume wurden wahr,
An dem Tag als ich Buddha fand.

Es war anfangs eine zarte Pflanze,
Die schnell ist gewachsen.

Heute ist sie ein Stamm
Mit großer Kraft.

Mein Vertrauen in Buddha
Fühlt sich an wie ein Wunder.

Mein Leben mit dem Erwachten
Ist heller als alle Schatten.

Mein neuer Pfad des Dharma
Sät heilendes Karma.

Heute bin ich ein Kind des Glücks
Und will nimmermehr zurück!

Bis zum Finale

Verloren sein
In den Weiten
Des Daseins.

Ohne Ende
Ist die heilige Wende
Des Nicht-Kämpfens.

Vorwärts
Mit dem Herz
Führt es aufwärts.

Ungesehen
Das heilige Leben
Lässt Heiliges erleben.

Aber Buddhas Gesicht
Und das Dharma Licht
Gesehen, befähigt für den Weg
Zu Anuttara Samyak Sambodhi.

Der Erhabene

Was Buddha ist,
Ist ein Geheimnis.

Er ist ein Wesen
Ohne Leiden.

Seine helle Weisheit
Ist unerreicht.

Mit dem Herz der Güte
Verbreitet er Glück.

Er lebt im Nirwana
Frei von Karma.

Denn sein Wesen
Ist verweht.

So bleibt Buddha
Ein heilsames Wunder.

super einfach

Wunschlos
Und ziellos
Erzeugt grundlos
Glück

Die Lösung
Vieler Probleme
Ist einfacher, als wir
Das oft erwarten

Meist müssen
Wir nur sitzen und
Unsere Anhaftung ausschwitzen

Oder wir müssen verstehen,
Was das Wesen unserer Probleme
Ist und dann Gegenmittel
Produzieren

Einfach treiben
Auf den Wegen der Weisen
Bis die Leiden sich
Ganz von selbst vertreiben

Wut vs. Geduld

Warten
Beim Arzt
Und im Supermarkt

Geduld
Ist die Tugend
Gegen die Wut

Wer nicht
Stillhalten kann
Ist dazu verdammt
Schlechtes Karma zu schaffen

Wer nicht
In sich ruht
Erzeugt Unmut
Aus dem heraus wird Wut

Dankbar warten
Und das Warten als Teil
Des Pfades betrachten

Prajnaparamita

Finde dich
Und verstehe
Das Licht.

Finde uns
Und spüre
Den Grund.

Prajnas Wirken
Lässt das
Mitgefühl sprießen.

Weisheit heilt
Und beendet
Alles Leid.

Es ist einfach
Nur hellwach
Zu werden.

Der Pfad wartet
Auf jedes Wesen,
Das startet.

Buddhas Charta

Buddhas Futter.
Heiliger Kutter und
Spirituelle Mutter.

Buddhas Licht
Blendet mein Gesicht
Mit Erkenntnis.

Buddhas Augen,
Die die Welt schauen
Und an die Fleißigen glauben.

Buddhas Leben
War vergehen
Wie alle Leben.

Buddhas Herz
Säte den Wert
Mitfühlender Ehre.

Verehrter

Ich bin nur ein Pfadwandler,
Aber er ist ein wahrer
Pfadvollender.

Ich bin nur ein Sinnsucher,
Aber er ist einer,
Der das Ziel erreichte.

Ich bin ihm dankbar,
Denn er nahm die Mühe
Auf sich und vollendete
Das höchste Ziel.

Ich schenke ihm meine Liebe,
Denn er hat mich die
Vierfache Liebe der
Götter gelehrt.

Ich schenke ihm mein Leben,
Denn nur er kennt den Weg,
Auf dem ich und alle meine Liebsten
Vollkommenen Frieden finden.

Suchende

Wer sucht,
Wird finden und
Sei es den Ausweg aus
Allem Leiden.

Wer strebt,
Wird erlangen und
Sei es die Wahrheit
Des achtfachen Pfades.

Wer träumt,
Verschläft den Weckruf
Der Buddhas und
Ihrer Bodhisattvas.

Wer folgt,
Wird erwachen, solange
Es Buddhas sind, denen
Er oder sie folgt.

Wer erwacht,
Hat das Wunder vollbracht
Und alles Leid für immer
Um die Ecke gebracht.

Wunschlos frei

Am Ende ist das höchste Ende
Endlos und leer.

Da wo das Unsterbliche
Ungeboren ist.

Hier Nirwana
Ist mit dir.

Nimm an
den Pfad.

Lass los
Alles Leid.

Erwache frei
Und scheine.

Sei dein
Eigener Buddha.

Der Same in dir
Ist auserwählt.

Über den Autor:

Niemand,

Nichts,

Nirgendwo,

Aber durch den Urknall prädestiniert.